KÖNIGS ERLÄUTERUNGEN
Band 457

Textanalyse und Interpretation zu

Christian Kracht

FASERLAND

Magret Möckel

Alle erforderlichen Infos für Abitur, Matura, Klausur und Referat
plus Musteraufgaben mit Lösungsansätzen

Bange Verlag

Zitierte Ausgabe:
Kracht, Christian: *Faserland. Roman*. München: dtv, 2007 (Reihe „AutorenBibliothek").

Über die Autorin dieser Erläuterung:
Magret Möckel, geboren 1952 in Lindau an der Schlei (Schleswig-Holstein), Studium der Germanistik und Anglistik an der Universität in Hamburg. Erstes und Zweites Staatsexamen in Hamburg. Seit 1979 Lehrerin für Deutsch und Englisch, erst an einem Gymnasium in Vechta, dann in Friesoythe, seit 2003 in Oldenburg an der Graf-Anton-Günther Schule. Dort leitet sie die Fachgruppe Deutsch. Außerdem arbeitet sie für das Fach Deutsch in Kommissionen der Landesschulbehörde mit. Die Einbeziehung und Aufbereitung von Gegenwartsliteratur für die Schule ist ihr stets ein wichtiges Anliegen.
Frau Möckel ist verheiratet und hat zwei erwachsene Söhne.

Hinweis:
Ergänzendes Material zu dieser Königs Erläuterung „Darstellung der Literaturdebatte um Christian Krachts Roman *Imperium* (2012)" kann auf den Webseiten des Verlages unter www.bange-verlag.de sowie www.königserläuterungen.de heruntergeladen werden (kostenpflichtig).

3. Auflage 2018
ISBN 978-3-8044-1958-2
PDF: 9783-8044-5958-8, EPUB: 978-3-8044-6958-7

Titelbild: Werbefoto der britischen Firma Barbour © Barbour
Druck und Weiterverarbeitung: Tiskárna Akcent, Vimperk

1. DAS WICHTIGSTE AUF EINEN BLICK – SCHNELLÜBERSICHT

Damit sich jeder Leser in unserem Band rasch zurechtfindet und das für ihn Interessante gleich entdeckt, hier eine Übersicht:

Im 2. Kapitel beschreiben wir **Christian Krachts Leben** und stellen den **zeitgeschichtlichen Hintergrund** dar.

➪ S. 11 ff.

→ Seinen ersten Roman *Faserland* schrieb er **mit 29 Jahren**. Mit dem Protagonisten gemeinsam hat der Schriftsteller Kracht die elitäre Internatszeit und die Vermögensverhältnisse der Eltern.

➪ S. 14 ff.

→ Der Debütroman *Faserland* wird bei seinem Erscheinen der zu dieser Zeit in der Hochblüte befindlichen **Popliteratur** zugeordnet. Dies liegt u. a. an der Einbeziehung von Musiktiteln und Markennamen, am unbekümmerten, an eine eher junge Leserschaft gerichteten Stil, an der Offensichtlichkeit der Kritik am Establishment. Die Grenzen zwischen ernster und unterhaltender Literatur werden aufgehoben.

➪ S. 20 ff.

→ Der Roman wird nach eigenen Angaben später als **Beginn einer Trilogie** (*1979* und *Ich werde hier sein, im Sonnenschein und im Schatten*) bezeichnet.

Im 3. Kapitel bieten wir eine Textanalyse und -interpretation.

Faserland – Entstehung und Quellen:

➪ S. 23 ff.

→ autobiografische Elemente (Herkunft aus wohlhabender Familie, Internat Salem)

→ Einflüsse aus der zeitgenössischen Popliteratur (bes. Bret Easton Ellis: *American Psycho*, 1991)

→ literarische Romantraditionen **(Anti-Entwicklungsroman, Reiseroman)**

Inhalt:

Der Icherzähler, ein junger Mann aus vermögenden Verhältnissen, reist aus dem Norden Deutschlands (Sylt) bis in den Süden (München) und über die Grenze in die Schweiz. Dabei besucht er Partys und In-Kneipen; seine Tage sind durch Rauchen, Alkohol, Drogen und dem Gefühl der Einsamkeit und Leere bestimmt. Der vorherrschende Markenfetischismus unterstreicht diese Atmosphäre der existenziellen Verlassenheit noch. Am Schluss stirbt einer seiner ‚Freunde', Rollo, wahrscheinlich durch Selbstmord, und der Protagonist verlässt Deutschland. Der Roman bricht ab, als sich der Icherzähler über einen See in der Schweiz rudern lässt. ⇨ S. 25 ff.

Aufbau:

Acht Kapitel, chronologisch erzählt (eine Woche und ein Tag), Zeitsprung von zwei Tagen zwischen Kapitel 7 und 8; Reise von Norden in den Süden Deutschlands und darüber hinaus (Bewegung entlang einer vertikalen Achse); Reflexionen, Assoziationen und Erinnerungen unterbrechen immer wieder die chronologisch wiedergegebene Handlung. ⇨ S. 34 ff.

Personen:

Der Icherzähler ist namenlos. Seine Angaben über andere Personen und angebliche „Freunde" sind extrem subjektiv und widersprüchlich, seine Eindrücke über andere ändern sich oft plötzlich und drastisch. ⇨ S. 39 ff.

⇨ S. 39 ff.

Icherzähler:

→ junger Erwachsener aus wohlhabenden Verhältnissen,
→ abgebrochene Schulbildung im Internat,
→ keine enge familiäre Bindung und keine verlässlichen freundschaftlichen Beziehungen,
→ extremes Markenbewusstsein,
→ konstanter Alkohol- und Drogenkonsum,
→ Sensibilität für optische, akustische und olfaktorische Reize,
→ Eigenschaften: sozial unsicher, widersprüchlich urteilend, überfordert, ohne Selbstkritik.

Weitere wichtige Personen des Romans (aus ähnlich reichen Verhältnissen stammend) sind:

⇨ S. 45 f.

Nigel:

→ wohnt im Hamburger In-Viertel Pöseldorf,
→ betreibt ein bewusstes Understatement (trägt löchrige Jeans),
→ „der am wenigsten eingebildete Mensch“ (S. 36),
→ ein „im Grunde asozialer Mensch“ (S. 38),
→ schockiert den Icherzähler durch eine Einladung zum Gruppensex.

⇨ S. 46 f.

Alexander:

→ ehemals bester Freund des Icherzählers, Zimmergenosse im Internat,
→ wohnt in Frankfurt am Main,
→ pflegte früher bizarres Hobby (suchte auf der ganzen Welt nach Spuren eines Modern-Talking-Songs),
→ Trennung in der Vergangenheit nach Streit (vermutlicher Trennungsgrund ein Mädchen namens Varna),
→ Erinnerung verursacht starke emotionale Reaktionen bei Icherzähler (Erbrechen).

Rollo: ⇨ S. 47 f.

- → lebt in München-Bogenhausen,
- → aufgewachsen in elterlicher Villa am Bodensee,
- → Eltern gehen in Indien ihren spirituellen Bedürfnissen nach, nur Vater
- → Rauchen und Drogenkonsum,
- → Tendenz zur Selbstaggression, emotionale Instabilität.
- → Abhängig von Valium und Alkohol

Der Erzähler bezeichnet diese Personen als Freunde, obwohl das Verhalten zueinander diese Bezeichnung nicht rechtfertigt.

Stil und Sprache Christian Krachts:

Der Erzähler kommuniziert mit dem impliziten Leser. Dies tut er weitgehend im mündlichen Erzählstil, auch wenn immer wieder Episoden eingeschoben sind, die als abgeschlossene Erzähleinheiten erkennbar sind. Dem Leser werden Geheimnisse anvertraut, aber auch Informationen bewusst vorenthalten. Darüber hinaus erläutert, informiert, begründet, urteilt der Erzähler und bezieht auch eine mögliche Reaktion des Adressaten ein. Merkmale der **Mündlichkeit**, der Jugend- und Szenesprache und die Funktion eingesetzter rhetorischer Figuren werden im Einzelnen dargestellt. Wichtige **Dingsymbole** und Leitmotive sind die grüne **Barbourjacke** des Erzählers, das Blickmotiv sowie Zigaretten bzw. das Rauchen. ⇨ S. 58 ff.

Interpretationsansätze:

⇨ S. 74 ff.

Hier werden vier verschiedene Linien verfolgt:

→ **Spannungsfeld zwischen Individuum und Gesellschaft**: Der Protagonist befindet sich im Dilemma. Einerseits ist er auf der Suche nach Identität und Individualität, andererseits ist er ebenso auf Gemeinschaft und Gruppenzugehörigkeit angewiesen. Outfit, Marken und äußere Zeichen des Milieus täuschen nicht darüber hinweg, dass die einzelnen Personen nicht wirklich als Kommunikationspartner wahrgenommen, sondern dass nur Rollen gespielt werden. Es fehlen Liebe, Akzeptanz und Respekt. Ganzheitliche Identitäten und sinnvolle Lebensentwürfe gelingen nicht.

→ Interpretation vor dem Hintergrund literarischer Tendenzen und Traditionen: Elemente der Popkultur, der Postmoderne, des Entwicklungsromans und des Abschiedsmotivs werden konkret herausgearbeitet.

→ Einordnung in Bezug auf literarische **Verarbeitung der nationalsozialistischen Vergangenheit in Deutschland**: Der Protagonist wittert überall alte Nazis und bezieht immer wieder die Zeit des „Dritten Reichs" in seine Gedanken mit ein. Der Roman zeigt, dass auch im ausgehenden 20. Jahrhundert die Vergangenheit noch nicht bewältigt worden ist.

→ Deutung als Kritik am Deutschland der achtziger und neunziger Jahre: Der Protagonist lehnt Deutschland als sein Vaterland ab. Der Roman beschreibt Deutschland als ein Land, das durch verfehlte Politik, die innere Leere einer Konsumgesellschaft, Arroganz und Dünkel bestimmt ist.

2. CHRISTIAN KRACHT: LEBEN UND WERK

2.1 Biografie

Christian Kracht (geb. 1966) © ddp images/dadp

JAHR	ORT	EREIGNIS	ALTER
1966	Gstaad, Schweiz	Geburt am 29. Dezember als Sohn wohlhabender Eltern. Der Vater ist Generalbevollmächtigter des Zeitungsverlegers Axel Springer.	
1978	Ontario, Kanada	Besuch der Lakefield College School.	12
1985	Salem, Bodensee	Abitur im Elite-Internat Schloss Salem.	19
1990	Hamburg	Volontariat bei der Zeitschrift *Tempo*. Beiträge für die *B. Z.*, Freundschaft mit Eckhart Nickel.	24
1993	Somalia	Für eine Reportage über obdachlose Jugendliche erhält Kracht den Axel-Springer-Preis. Aufenthalt in Somalia.	27
1995		Der Roman *Faserland* erscheint.	29
1997	Indien (Neu Delhi)	Kracht wird für das Nachrichtenmagazin *Der Spiegel* Südasien-Korrespondent.	31
1998	Bangkok, Thailand	Wohnung in Bangkok, von dort aus bereist Kracht Asien. Erscheinen des Reisebreviers *Ferien für immer* (zusammen mit Eckhart Nickel). Kracht wird Kolumnist für *Welt am Sonntag*.	32
1999		Die von Kracht herausgegebene Anthologie mit Pop-Texten *Mesopotamia* erscheint sowie *Der gelbe Bleistift*, eine Sammlung von Krachts Asien-Essays. Freundschaft mit Ingo Niermann. Werbekampagne für die Bekleidungskette Peek & Cloppenburg (mit dem Pop-Autor Benjamin v. Stuckrad-Barre).	33

JAHR	ORT	EREIGNIS	ALTER
2001	Galle, Sri Lanka	Der Roman *1979* erscheint. Übersiedlung nach Sri Lanka.	35
2004	Nordkorea, Kathmandu (Nepal) und San Francisco	Studienaufenthalt in Nordkorea. Kracht gibt zusammen mit Eckhart Nickel die Kulturzeitschrift *Der Freund* heraus. Ausgedehnte Expeditionen im Himalaja.	38
2005	Afghanistan, Paraguay	Die Hörbuchversion von Yasushi Inoues *Das Jagdgewehr*, bei der Kracht einer der Sprecher ist, erscheint. Das Theaterstück *1979* wird vom Schauspielhaus Zürich aufgeführt.	39
2006	Tansania, Afrika	Zusammen mit Ingo Niermann besteigt Kracht den Kilimandscharo. Gemeinsame Arbeit am Roman *Metan*. *Die totale Erinnerung – Kim Jong Ils Nordkorea* erscheint, ebenso das Kompendium *New Wave*. Tätigkeit als Kolumnist der *Frankfurter Allgemeinen Zeitung* (Titel: *Brief aus ...*; im Wechsel mit Nicole Krauss und Jenny Erpenbeck).	40
2007	Buenos Aires, Argentinien	Erscheinen des Romans *Metan* (zus. mit Ingo Niermann). Die von Kracht gelesene Hörbuchversion von Truman Capotes *Frühstück bei Tiffany* erscheint. Übersiedlung nach Argentinien. Mitarbeit am Projekt „Die Große Pyramide" in Ostdeutschland.[1] Zusammenarbeit mit den Künstlern Andreas Gursky und Elmgreen & Dragset.	41
2008	Buenos Aires	Verheiratet mit der Regisseurin Frauke Finsterwalder. Erscheinen des Romans *Ich werde hier sein im Sonnenschein und im Schatten*.	42

1 Informationen zu dem Projekt gibt es im Internet unter www.thegreatpyramid.org [Stand: März 2011].

JAHR	ORT	EREIGNIS	ALTER
2009		Phantastik-Preis der Stadt Wetzlar. Bühnenversion von *1979* wird am Burgtheater Wien gespielt. *Gebrauchsanweisung für Kathmandu und Nepal* erscheint (zus. mit Eckart Nickel).	43
2012		Erscheinen des Romans *Imperium*, um den sich eine Literaturdebatte entspinnt.	46
	Braunschweig	Wilhelm-Raabe-Preis für *Imperium*.	

2.2 Zeitgeschichtlicher Hintergrund

ZUSAMMENFASSUNG

- → Globalisierung, Ende des Kalten Krieges nach Mauerfall 1989, soziale Veränderungen, Markenfetischismus
- → Postmoderne, Aufheben der Unterscheidung zwischen E und U, ernster und unterhaltender Literatur
- → Boom der Popliteratur Mitte der neunziger Jahre
- → Merkmale: Unbekümmertheit, umgangssprachlicher oder schnoddriger Stil, Darstellung von alternativen Lebensformen, Identifikation durch vertraute Konsumartikel
- → Problematische Zuordnung von *Faserland* zur Popliteratur

1990er Jahre: Zeit des Umbruchs

Christian Kracht schrieb den Roman *Faserland* in der ersten Hälfte der neunziger Jahre, also nach dem Mauerfall und dem Ende des Kalten Krieges, in einer Zeit der wachsenden **Globalisierung und Marktorientierung**, der sozialen Umbrüche und der **Suche nach neuen Werten**.

Nach Klaus-Michael Bogdal haben heute Milieus die sozialen Schichten und Klassen früherer Epochen abgelöst. Diese Milieus sind jeweils durch Lebensstile, **Codes** (also eigene Regel- und Zeichensysteme, die Zugehörigkeit signalisieren), Besitz (als **Statussymbol** oder Konsumgut), aber auch durch bestimmte ästhetische Neigungen gekennzeichnet. Den Schlüssel für die Literatur der neunziger Jahre sieht Bogdal „nicht in den Ereignissen um 1989, sondern in den siebziger Jahren“, in denen die „ersten bemerkenswerten Kult-Bücher der sich allmählich differenzierenden Milieus“[2] erschienen. In dieser Zeit begann auch in Deutschland

2 Bogdal, S. 15.

die Diskussion um („hohe“, „ernste“) E- und („niedrige“, populäre) U-Kultur.

Hohe identifikatorische Wirkung

Christian Kracht gehört zu diesen **Kult-Autoren**, die – wie etwa Literaturlandkarten im Internet zeigen[3] – von bestimmten Lesergruppen bevorzugt bzw. von ähnlichen oder benachbarten Milieus wahrgenommen werden. Die **deutschsprachige Popliteratur** hatte in der Mitte der neunziger Jahre ihre Blütezeit. Die entsprechenden Texte von Benjamin von Stuckrad-Barre (geb. 1975), Alexa Hennig von Lange (geb. 1973), Benjamin Lebert (geb. 1982) u. a. wurden zu Bestsellern. Vor allem das junge Publikum schätzte die neue Popliteratur wegen ihrer Unbekümmertheit, ihrem umgangssprachlichen oder schnoddrigen Stil und der Darstellung von alternativen Lebensformen und Ansichten, die sich gegen ein Establishment wie die (Eltern-)Generation der 68er oder das Bürgertum richteten. Dazu kam die hohe identifikatorische Wirkung der Texte durch die Einbeziehung von dem Leser bestens vertrauten Musiktiteln und Markennamen. Den Verlagen bescherten diese Werke nach einer Zeit der Desorientierung und Flaute auf dem deutschsprachigen Literaturmarkt einen neuen literarischen Boom.[4] Zuvor war das Interesse an deutschsprachiger Gegenwartsliteratur deutlich zurückgegangen, das Publikum hatte immer öfter Übersetzungen von Romanen amerikanischer oder englischer Autoren bevorzugt, da diese eine alternative Form gehobener Unterhaltung jenseits der in Deutschland dominanten Unterscheidung von U- und E-Literatur boten. In den neunziger Jahren setzte sich daher zunehmend – u. a. angeregt durch Uwe Wittstock, dem damaligen Lektor des S. Fischer Verlags – eine andere Sichtweise im Literaturbetrieb durch. Unterhaltsamkeit und Bestsellerstatus wurden nicht mehr

Jenseits von U und E

---

3 Vgl. www.literature-map.com/christian+kracht.html [Stand: März 2011].

4 Eine Dokumentation der literarischen Debatte findet sich in Köhler; Moritz (Hrsg.).

nur kritisch gesehen, sondern das Nebeneinander von unterhaltenden und anspruchsvollen Texten, von U- und E-Literatur wurde ausdrücklich zugelassen.

Lange Geschichte der Popliteratur

Popliteratur blickt auf eine lange Geschichte zurück. Schon die Dada-Bewegung zu Beginn des 20. Jahrhunderts verstand sich als Protest gegen festgefahrene künstlerische Maßstäbe und entwickelte neue, zunächst skandalös erscheinende Formen der Literatur und Kunst. „Mit ihrer ästhetischen Radikalität, dem spielerischen Umgang mit Banalitäten des Alltags und ihren neuen Aktionsformen stießen die Dadaisten erst die Türen auf zu den Straßen, auf denen sich die Popliteratur später abspielte."[5] Der amerikanische Medientheoretiker Leslie Fiedler forderte 1968 in seinem berühmten Aufsatz *Cross the border, close the gap*[6] die Aufhebung der strikten Trennung zwischen unterhaltender und ernster Kunst und führte den Begriff Pop (= populär bzw. Pop, Knall, Zusammenstoß) ein. In Deutschland waren es v. a. die Autoren Rolf Dieter Brinkmann und Dieter Wellershoff, die Fiedlers Überlegungen für die Literatur übernahmen, sie mit der Realismus-Debatte der sechziger Jahre verbanden und so die Pop-Tradition fortsetzten. Schließlich fanden auch im deutschsprachigen Raum die Ansätze der Beat-Generation, der Pop-Art in der Kunst und der amerikanischen Underground-Szene ihre Nachfolger. Dabei ging allerdings in den neunziger Jahren das ursprünglich Rebellische, Experimentelle und Subversive dieser Literaturströmung tendenziell verloren. Die neue Popliteratur orientierte sich zwar noch an extremen Vorbildern wie dem amerikanischen Skandalautor Bret Easton Ellis (berüchtigt für seine Darstellungen exzes-

Cross the border, close the gap

---

5 Ernst, S. 11. Dadaistische Künstler montierten in ihre Werke beispielsweise alte Fahrkarten, Korken oder Zeitungsausschnitte, erklärten also den Abfall der Zivilisation für kunstwürdig.

6 Eine deutsche Übersetzung von Fiedlers Aufsatz findet sich in: Wittstock, *Roman oder Leben*, S. 14–39.

siver Gewalt), schrieb aber für ein junges Massenpublikum, bei dem sie rasch Kultstatus erlangte. Die neue Popliteratur war somit eher populär als widerständisch; sie wurde zu einem Teil des Mainstreams. Bezeichnend war, dass die Texte, in denen Alltag, Kinoästhetik, Medienkultur, Musik und Mode eine große Rolle spielten, auch in Verlagen erschienen, die bislang der hochstehenden literarischen Kunst vorbehalten waren (z. B. Kiepenheuer & Witsch, Suhrkamp).[7]

Richtungsweisendes Debüt von Kracht

Christian Kracht gilt mit seinem Debütroman *Faserland* (1995) als richtungsweisend für die Popliteratur im deutschsprachigen Raum. Dennoch ist die einseitige Zuordnung des Romans zu dieser Richtung umstritten. Mit einigem zeitlichen Abstand zur Entstehung des Textes spricht eine Rezension von einem der am meisten missverstandenen Bücher der neunziger Jahre, wenn *Faserland* unter diesem Label auftaucht. Es wird sogar für abwegig gehalten, Kracht als Popliteraten einzustufen, „nur weil in *Faserland*, seinem ersten Roman, ein paar Markennamen auftauchten“[8].

Faserland ein Pop-Roman?

Die geteilte Reaktion auf seinen Roman zeigt, wie unterschiedlich *Faserland* bei seinem Erscheinen und später gelesen wurde. Die neben all dem Markenfetischismus ebenfalls enthaltenen kritischen Signale wurden von der Kritik dabei durchaus von Anfang an wahrgenommen.[9] Ende der neunziger Jahre war die Popliteratur aber so erfolgreich, dass dem Erfolgslabel inflationär alles zugeordnet wurde, was flott, jung, hipp, einfach und leicht vermarktbar war. Daher ist es schwer, allen Ausprägungsformen dieser Literaturströmung einen „definitorisch allgemeingültigen

---

7 Vgl. zur Geschichte der Popliteratur seit 1964 auch den von Kerstin Gleba und Eckhard Schumacher herausgegebenen Reader.

8 Adam Soboczynski, *Der Schreibtisch von Christian Kracht in Buenos Aires*, DIE ZEIT-Literatur Nr. 49, November 2009, S. 54.

9 Vgl. hierzu Baßler, *Der deutsche Pop-Roman*, S. 110 ff.

Merkmalskatalog"[10] zuzuordnen. Auch für Krachts literarische Entwicklung gilt, dass „eine einheitliche Lesart der eigentümlichen Mischung aus Pop, Ästhetizismus und Terror, die Krachts gegenwärtige Prosa prägt, (...) noch zu entwickeln"[11] ist. Er selbst behauptete noch 1999, keine Ahnung zu haben, was Popliteratur sein solle. Er schätzt seine Werke selbstironisch und widersprüchlich als leichte Unterhaltung ein: „Das höchste Erreichbare in der Kultur ist nach der Architektur die Komödie. (...) Ich begreife meine Werke humoristisch"[12].

Seine Texte sind bislang in 19 Sprachen übersetzt.

Popliteratur aus dem angelsächsischen Raum

Richtungsweisende angelsächsische Werke für die Popliteratur in Deutschland (alphabetisch nach Autorennamen geordnet):

→ Bret Easton Ellis, *Less than Zero* (1985, deutsch *Unter Null*); *American Psycho* (1991, deutsch *American Psycho*)
→ Nick Hornby, *High Fidelity* (1995, deutsch *High Fidelity*)
→ Jack Kerouac, *On the Road* (1957, deutsch *Unterwegs*)
→ Chuck Klostermann, *Killing yourself to Life: 85% of a True Story* (2006, deutsch *Eine zu 85 % wahre Geschichte*)
→ J. D. Salinger, *The Catcher in the Rye* (1951, deutsch *Der Fänger im Roggen*)

Popliteratur aus dem deutschsprachigen Raum

Weitere Texte und Autoren der Popliteratur im deutschsprachigen Raum[13]:

→ Sibylle Berg, *Ein paar Leute suchen das Glück und lachen sich tot* (1997)
→ Marcel Beyer, *Flughunde* (1995)

---

10 Jung, *Vom Pop international zur Tristesse Royale*, S. 39.
11 Baßler, *Christian Kracht*, S. 726.
12 Arnet, S. 74.
13 Eine ausführliche Liste findet sich in Jung, *Alles nur Pop?*, S. 233–237.

- → Thomas Brussig, *Helden wie wir* (1995), *Am kürzeren Ende der Sonnenallee* (1999)
- → Karin Duwe, *Regenroman* (1999)
- → Frank Goosen, *Liegen lernen* (2001)
- → Alexa Hennig von Lange, *Relax* (1997)
- → Florian Illies, *Generation Golf* (2000)
- → Wladimir Kaminer, *Russendisko* (2000)
- → Benjamin Lebert, *Crazy* (2001)
- → Joachim Lottmann, *Deutsche Einheit* (1999)
- → Eckhart Nickel, *Was halte ich davon* (2000)
- → Sven Regener, *Herr Lehmann* (2001)
- → Jens Sparschuh, *Der Zimmerspringbrunnen* (1995)
- → Benjamin v. Stuckrad-Barre, *Soloalbum* (1998), *Livealbum* (1999)

2.3 Angaben und Erläuterungen zu wesentlichen Werken

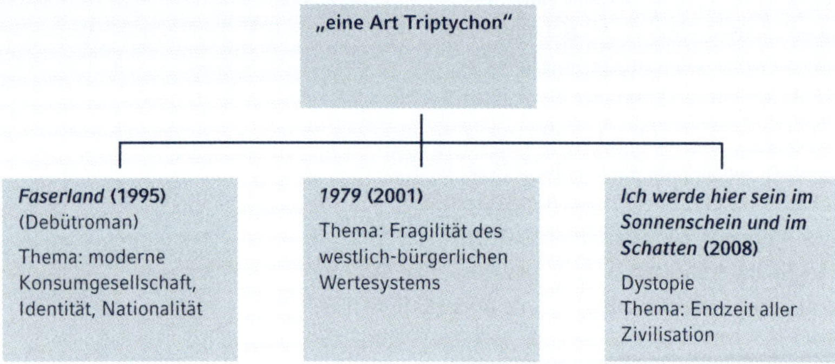

2008 erklärte der Autor in einem Interview: „*Faserland*, *1979* und nun der neue [Roman *Ich werde hier sein im Sonnenschein und im Schatten*] bilden sicherlich eine Art Triptychon, das mir nun beendet erscheint."[14]

Ferien für immer. Die angenehmsten Orte der Welt (1998)

Ein zusammen mit Eckhart Nickel geschriebener unkonventioneller literarischer Reiseführer; Empfehlungen von Bars und Hotels für Weltenbummler.

---

14 Christian Kracht in: „Ich denke immer an Krieg" (Interview mit Ingo Mocek). In: Neon, Heft 10/2008 [http://www.neon.de/kat/freie_zeit/literatur/248373.html, Stand: März 2011]. Ein Triptychon ist ein dreiteiliger Altaraufsatz.

Mesopotamia. Ein Avant-Pop-Reader (1999)

Eine von Kracht herausgegebene Anthologie von Pop-Texten, u. a. von Benjamin v. Stuckrad-Barre, Rainald Goetz, Moritz v. Uslar. Kurzgeschichten zum Lauf der Welt.

Tristesse Royale (1999)

Gespräche von Christian Kracht, Joachim Bessing, Eckhart Nickel, Alexander v. Schönburg und Benjamin v. Stuckrad-Barre, geführt im Berliner First-Class-Hotel *Adlon*.

Der gelbe Bleistift (2000)

Essay-Sammlung, Zusammenstellung von Krachts Reiseberichten aus Asien, die zuerst in der *Welt am Sonntag* erschienen.

1979 (2001)

Roman. Der homosexuelle Icherzähler, ein Innenarchitekt, reist mit seinem Freund nach Persien und besucht dort dekadente Partys. Der Freund kommt in den Wirren der Revolution um, und ein obskurer Agent schickt den unbedarften Protagonisten auf eine Pilgerreise zu einem heiligen Berg in Tibet. Da dies im kommunistischen China verboten ist, wird er verhaftet und in einem Straflager einer Umerziehung unterworfen. Aspekte des Romans sind Dekadenz, Selbsterfahrung, Unterwerfung unter ein grausames Regime, Pop (Marken, Musik und Mode), islamische Kultur, Kunst, Hollywoodfilme.

Die totale Erinnerung (2006)

Bildband mit einem Text von Christian Kracht. Nordkorea wird als Land der großen politischen Inszenierung dargestellt, das Touristen und Journalisten Lügen und gestellte Situationen darbietet; das tatsächliche Leid der Bevölkerung wird vertuscht bzw. ignoriert.

New Wave. Ein Kompendium 1999–2006 (2006)

Gesammelte kürzere Texte Krachts, Reisereportagen, Erzählungen, Filmtreatment usw.

Metan (2007)

Roman, zusammen mit Ingo Niermann. Nach der Besteigung des Kilimandscharo und einer Begegnung mit fremden Lebensformen wird eine Verstrickung kosmischen Ausmaßes aufgedeckt. Das bislang unbekannte Machtsystem macht eine Neuschreibung der Menschheitsgeschichte notwendig.

Ich werde hier sein im Sonnenschein und im Schatten (2008)

Roman: Dystopie (Anti-Utopie) über einen alternativen Verlauf der Weltgeschichte seit dem Ersten Weltkrieg. Statt in Russland ereignet sich der kommunistische Umsturz in der Schweiz, die als Schweizer Sowjet Republik (SSR) Europa mit Krieg überzieht.

Gebrauchsanweisung für Kathmandu und Nepal (2009)

Zusammen mit Eckhart Nickel geschriebener Reiseführer/Anekdotensammlung.

Imperium (2012)

Roman. Das Buch handelt von dem jungen Nürnberger Aussteiger August Engelhardt, der das wilhelminische Spießerdeutschland hinter sich lässt, in der Südsee in der damaligen Kolonie Deutsch-Neuguinea den Kokovorismus begründet und schließlich scheitert. – Um den Roman entspann sich eine Literaturdebatte (siehe dazu auch Nadine Zettlmeißls *Darstellung der Literaturdebatte um Krachts neuen Roman „Imperium“*, Hollfeld: Bange, 2012, kostenpflichtige Online-Publikation).

3. TEXTANALYSE UND -INTERPRETATION

3.1 Entstehung und Quellen

Folgende Einflüsse und Quellen können ausgemacht werden:
→ Autobiographie Krachts
→ zeitgenössische Popliteratur, insbesondere Bret Easton Ellis
→ literarische Romantraditionen (Anti-Entwicklungsroman, Reiseroman)

Autobiografische Elemente

In Rezensionen und Sekundärliteratur wird häufig das Autobiografische des Romans betont. Das bezieht sich z. B. auf die Reiseerfahrungen des Protagonisten, die Herkunft aus einem begüterten Elternhaus, die finanzielle Unabhängigkeit sowie den Besuch des Internates Schloss Salem. Zugleich muss aber gesagt werden, dass die Angaben zur Kindheit und Jugend des Icherzählers ungenau und dürftig sind, sodass exakte Übereinstimmungen mit der Biografie des Autors nicht festgestellt werden können und wohl auch nicht intendiert sind. Interessant ist dagegen, dass der Icherzähler Deutscher ist, im Gegensatz zum Autor (Schweizer), und dass die Romanfigur am Schluss des Geschehens Deutschland verlässt und in die Schweiz geht. Wenn im Text gesagt wird, dass sich der Erzähler mit den Gepflogenheiten in der Schweiz nicht auskennt (vgl. S. 153), wird offenbar Wert darauf gelegt, dass Autor und Erzähler nicht verwechselt werden.

Einflüsse von Bret Easton Ellis

Krachts literarische Einflüsse sind unübersehbar die amerikanische und zeitgenössische Popliteratur. Als wichtiges Vorbild gilt der US-Autor Bret Easton Ellis mit seinen Romanen *Less than Zero* und *American Psycho*. Dabei sind weniger die tabubrechenden

Der US-amerikanische Romancier Bret Easton Ellis (geb. 1964) © Ullstein Bild

Darstellungen extremer Gewalt und sadistischer Sexualität Ellies' (v. a. in *American Psycho*) relevant als vielmehr der **Markenfetischismus**, den Ellis' Protagonisten (meist reiche Studenten oder Wall Street-Broker) an den Tag legen.

Reiseroman und Anti-Entwicklungsroman

Was die Gattung betrifft, so handelt es sich bei *Faserland* zunächst um einen Roman, der sich jedoch noch genauer bestimmen lässt. Krachts Buch ist zum einen ein Reiseroman, da sein Inhalt von den Reisen des Protagonisten von Nord- nach Süddeutschland und darüber hinaus bestimmt wird, und zum anderen ein Anti-Entwicklungsroman (vgl. Kapitel 3.7). Die erzählende Instanz lässt sich dem **Typus des unzuverlässigen Erzählers** zuordnen: Dafür spricht sein permanenter, die Wahrnehmung beeinflussender Alkoholkonsum ebenso wie Situationen, in denen dem Leser (als außenstehendem Beobachter) deutlich wird, dass sich der Erzähler offensichtlich etwas vormacht (z. B. jene Situationen, in denen er von ‚Freunden' nicht erkannt wird, vgl. Kapitel 3.4).

3.2 Inhaltsangabe

ZUSAMMENFASSUNG

Ein namenloser Icherzähler, Anfang bis Mitte Zwanzig und Sohn reicher Eltern, reist quer durch Deutschland von Sylt bis in die Schweiz. Dabei trifft er auf verschiedenen Stationen (z. B. Hamburg, Heidelberg, München) mit anderen, meist jüngeren, finanziell unabhängigen Leuten zusammen und nimmt an deren Alkohol- und Drogenexzessen teil bzw. beobachtet diese. Eingeflochten sind Jugenderinnerungen des Protagonisten und Reflexionen über Deutschland. Gezeigt wird die Ziel- und Hoffnungslosigkeit einer Generation, die Marken und Label zu ihren Lebensinhalten macht. Einer der ‚Freunde' nimmt sich auf seiner Party offenbar das Leben, ohne dass dies wirklich bemerkt wird.

EINS

Auf Sylt

Treffen mit Karin

Der Roman beginnt unvermittelt auf Sylt. Der namenlose Icherzähler isst und trinkt bei Fisch-Gosch, der nördlichsten Fischbude Deutschlands. Dort hat er zufällig eine Bekannte, Karin, wiedergetroffen. Beide fahren mit Karins Mercedes nach Kampen, holen aber unterwegs noch zwei weitere Bekannte ab, Sergio und Anne, die am Strand sitzen. Der Erzähler teilt Karin mit, dass dies sein letzter Abend auf Sylt ist. Der Abend endet in einer Bar namens Odin; es wird viel getrunken. Anschließend fahren Karin und der Protagonist zu einem Café namens Kupferkanne. Dort sitzen die beiden auf einem Hügel mit Blick aufs Wattenmeer und trinken Champagner. Es kommt zu Küssen. Karin schlägt vor, sich am folgenden Abend wieder zu treffen. Darauf reagiert der Erzähler verärgert, da er Karin gesagt hat, dass dies sein letzter Abend auf der

Insel sei. Karin lässt ihn abrupt allein und der Erzähler beschließt, nie wieder nach Sylt zu fahren.

ZWEI

Fahrt nach Hamburg

Am nächsten Abend nimmt der Erzähler den Zug nach Hamburg. Während der Fahrt konsumiert er im Speisewagen fünf kleine Flaschen Wein. Ein Mann mit einem Bärtchen setzt sich zu ihm an den Tisch und bestellt Bockwürste. Der inzwischen betrunkene Erzähler sucht mit der letzten Flasche Wein die Toilette auf, trinkt und raucht dort und schläft auf dem Toilettensitz ein. Als er aufwacht, hält der Zug gerade in Hamburg. Ein Taxi bringt ihn zur Wohnung seines Freundes Nigel in Hamburg-Pöseldorf. Nigel ist sehr wohlhabend, unkonventionell und in Sachen Kleidung nachlässig. Als ihm Nigel etwas erzählt, kann der Erzähler nicht zuhören, weil ihn der Geruch von Bohnerwachs im Treppenhaus an seine erste große Liebe, Sarah, erinnert; der Besuch bei ihren Eltern endete seinerzeit mit einem Desaster, weil er sich betrank und sich nachts im Bett entleeren musste. Dem Erzähler fällt auf, dass Nigels Wohnung recht heruntergekommen aussieht; überall hängen Fotokopien an den Wänden, es sieht aus wie bei einem alten Lehrer, findet der Erzähler. Er und Nigel ziehen sich für die Party um; der Erzähler kommt zu dem Schluss, dass Nigel deshalb so gerne Partys mag, weil er eigentlich ein asozialer Mensch ist. Auf der Party sieht der Erzähler Anne wieder, die er tags zuvor auf Sylt getroffen hat, und beobachtet, wie Nigel eine Pille schluckt und sich mit einem schwarzen Model und einem Mann mit einem Ziegenbärtchen unterhält. Auch der inzwischen betrunkene Erzähler nimmt eine Pille; Wahrnehmungsstörungen sind die Folge. Er geht zusammen mit einem offenbar ebenfalls unter Drogeneinfluss stehenden Mädchen auf die Toilette, wo sich das Mädchen jedoch übergibt. Nach diesem ernüchternden Erlebnis verlässt der Erzähler die Party und fährt mit dem Taxi zurück zu Nigels Wohnung.

Bei Nigel

DREI

Flucht aus Nigels Wohnung

In der Wohnung erkennt der Erzähler, dass Nigel bereits wieder zurück ist und sich offenbar mit einer Frau im Schlafzimmer befindet. Als er neugierig die Tür aufreißt, sieht er Nigel gemeinsam mit dem schwarzen Model und dem Ziegenbärtchen-Typ beim Sex; sie fordern ihn zum Mitmachen auf. Der Erzähler packt daraufhin sofort seine Sachen und verlässt Nigels Wohnung; im Taxi auf dem Weg zum Flughafen weint er. Auf dem Flughafen und im Flugzeug provoziert der Erzähler die Mitreisenden, indem er sich beispielsweise die Taschen seiner Barbourjacke mit der für die Passagiere ausliegenden Lufthansa-Verpflegung vollstopft. Einen empört dreinblickenden Mann beschimpft er als „SPD-Nazi" (S. 55). Alkohol, Kaffee, Zigaretten und zwei Joghurts sind das einzige, was er in der Folge zu sich nimmt. Im Flugzeug sitzt eine alte, offenbar wohlhabende Frau neben ihm, die ein Buch von Ernst Jünger liest. Der Erzähler malt sich das Leben dieser Frau aus, danach ein gemeinsames Leben mit der Schauspielerin Isabella Rossellini auf einer Insel. Irgendwann merkt er, wie sein Hintern feucht wird, weil eines der Joghurts, die er sich in die Taschen gestopft hat, ausläuft, was ihm sehr peinlich ist. Während des Landeanflugs denkt er zuerst an eine Begegnung mit Wim Wenders, dann an seinen Frankfurter Freund Alexander, der im Internat Salem von Mädchen umschwärmt wurde. Dann landet das Flugzeug in Frankfurt.

Flug nach Frankfurt

VIER

Verbrennen der Barbourjacke am Frankfurter Flughafen

Der Erzähler verbrennt seine verunreinigte Barbourjacke neben einer Bank, auf der ein chinesischer Geschäftsmann schläft. Mit einem Taxi lässt er sich zum Hotel Frankfurter Hof bringen. Frankfurt ist für den Erzähler eine ausgesprochen hässliche Stadt. Er will hier Alexander besuchen, einen Freund, den er in letzter Zeit aus den Augen verloren hat. Er erinnert sich, wie ihm Alexander früher regelmäßig Urlaubsfotos geschickt hat. Dank eines Erbes reiste Alexander jahrelang um die Welt, auf der Suche nach Spuren des Liedes *You 're my heart, you 're my soul* von *Modern Talking*. Am Ende entfremdeten sich der Erzähler und Alexander. Es kam zu einem Streit, weil sich Alexander bei einer Vernissage in ein Mädchen aus Ostdeutschland namens Varna verliebte, die der Erzähler nicht ausstehen konnte. Im Hotelzimmer fühlt der Erzähler Übelkeit, vermutlich aufgrund seines Drogen- und Alkoholkonsums, und ruft, versehentlich, wie er behauptet, Alexanders Nummer an. Als sich dieser meldet, ist der Erzähler so erschrocken, dass er nichts sagen kann. Er lässt den Hörer fallen und muss sich übergeben, sodass Bett und Teppich verunreinigt sind. In der Badewanne schläft er ein. Als er wieder aufwacht, stellt er gerührt fest, dass ein Hotelangestellter bereits alles wieder sauber gemacht hat. Er erinnert sich an eine Kinderfreundschaft auf Sylt zu einem Jungen namens Henning Hansen. Er sieht sich im Spiegel und lächelt sich an. Spät am Abend geht er in eine Frankfurter In-Kneipe namens Eckstein. Während er mit einem Mädchen Blickkontakt aufnimmt und dabei über die Frankfurter Mädchen nachdenkt, kommt plötzlich auch Alexander zufällig in die Kneipe, aber dieser bemerkt den Erzähler nicht, sondern geht einfach an ihm vorbei. Zuerst beobachtet der Erzähler Alexander, wie er sich an einen Tisch setzt, dann, als Alexander im Keller verschwindet, geht der Erzähler an den Tisch, nimmt Alexanders Barbourjacke und verlässt die Kneipe.

Übelkeit im Hotel

Alexander in Frankfurter Kneipe

Das Luxushotel Steigenberger Frankfurter Hof © ullstein bild-Imagebroker.net

FÜNF

Kurz darauf verlässt der Erzähler Frankfurt mit dem ICE Richtung Süden; er plant zunächst, sich Karlsruhe anzusehen. Im Bord-Bistro begegnet er zufällig dem Trendforscher Matthias Horx, mit dem er sich schon einige Male auf Partys unterhalten hat. Horx erkennt den Erzähler zunächst nicht, bis ihm der Erzähler zuprostet. Da Horx ebenfalls in Karlsruhe aussteigen will, behauptet der Erzähler spontan, sein Reiseziel sei Heidelberg. Dort steigt er dann auch aus und nimmt sich ein Hotelzimmer. Von dem Hotel ist er sehr angetan, auch den älteren Mann an der Rezeption findet er sympathisch; er vermutet, dieser habe seine fehlenden Finger im Krieg an der Ostfront verloren. Vor dem Hotelzimmer führt der Geruch der Seife dazu, dass sich der Erzähler an einen Urlaub mit seinem Vater auf Madeira erinnert, wo der damals elfjährige Erzähler an einem Gruppenspiel teilnahm, bei dem Paare mit aneinan-

Bahnfahrt nach Heidelberg

der gefesselten Beinen losrennen mussten. Der Erzähler und sein Spielpartner gewannen, trotz großer Schmerzen. Im Hotelzimmer zieht sich der Erzähler um und reißt den Eintracht-Frankfurt-Aufnäher von Alexanders Barbourjacke. Er erkundigt sich bei dem alten Mann hinter der Rezeption, wo die jungen Leute in Heidelberg hingehen, und lässt sich dann von einem Taxi in die Max Bar fahren. Während der Fahrt fällt ihm auf, dass alle Deutschen von einem bestimmten Alter an wie Nazis aussehen. In der Bar beobachtet der Erzähler eine Gruppe junger Leute, Studenten. Einer von ihnen namens Eugen bittet ihn schließlich an den Tisch; dann lädt er ihn zu einer Party ein. Dort ist der Erzähler, da er nichts weiter gegessen hat, schnell betrunken, ebenso wie die meisten anderen Partygäste. Er unterhält sich mit einer Studentin namens Nadja. Kurz darauf lädt ihn Eugen zum Koksen ein und unternimmt einen homosexuellen Annäherungsversuch; beidem verweigert sich der Erzähler. Er fühlt sich sehr schlecht, sucht Nadja und findet sie zusammen mit Nigel (aus Hamburg) im Keller, wo sich die beiden Rauschgift spritzen. Der Erzähler ist darüber sehr bestürzt, und als er Nigel anspricht, erkennt dieser ihn nicht mehr. Panikartig verlässt der Erzähler das Haus und fällt in Ohnmacht.

Einladung zu einer Party

SECHS

Rave mit Rollo in München

Die nächste Station ist München. Der Erzähler weiß aber zunächst nicht mehr, wie er dorthin gekommen ist. Er ist auf einem Rave, auf dem viele Hippies sind. Neben ihm sitzt Rollo, ein alter Freund, den er noch in Heidelberg wiedergetroffen hat und der ihn, wie der Erzähler jetzt annimmt, nach München gefahren hat. Die beiden beobachten die Raver. Rollo und er werden von einem Hippie angesprochen, der einen Rucksack hat, der wie ein Stofftier aussieht. Der Hippie bietet ihnen (Ecstasy-)Pillen an, doch Rollo gibt ihm aus Jux stattdessen eine eigene, die in Wahrheit ein

Beruhigungsmittel (Valium) enthält. Der Anblick der tanzenden Menschen erinnert den Erzähler an das Bild *Der Garten der Lüste* von Hieronymus Bosch. Auf dem Weg zu Rollos Porsche sehen sie den Hippie wieder, der inzwischen schläft. Nachts besuchen sie noch Münchner Szenekneipen; in einer davon sieht der Erzähler eine frühere Bekannte, Hannah, wieder. Sie erkennt ihn allerdings nicht. Anschließend nimmt Rollo den Erzähler mit zu sich nach Hause in seine riesige Wohnung in Bogenhausen. Auf seiner alten chinesischen Opiumliege liegend, informiert Rollo den Erzähler von seiner morgigen Geburtstagsparty in Meersburg am Bodensee; darüber hinaus findet kaum Unterhaltung statt.

In Rollos Luxuswohnung

SIEBEN

Fahrt zu Rollos Elternhaus am Bodensee

Am nächsten Morgen fahren sie zu Rollos Elternhaus am Bodensee. Während der Fahrt denkt der Erzähler über den Bodensee und Rollo nach; Rollo war dort auf einer Walddorfschule; sein Vater unterstützt in Indien einen Guru. Rollo scheint sich auf sein Zuhause zu freuen, aber nur die philippinische Köchin begrüßt ihn. Eine Zeit lang sitzen die beiden auf Holzstühlen am See, rauchen und hängen ihren Gedanken nach. Danach zeigt Rollo dem Erzähler sein Zimmer; dieser duscht und zieht sich um. Auf der abendlichen Geburtstagsparty sind viele reiche und schöne Gäste, alles ist festlich dekoriert, und Kellner, in denen der Erzähler Models vermutet, warten mit Drinks und Essen auf. Eine Weile stehen der Erzähler und Rollo vor zwei möglicherweise homosexuellen Barmännern; und der Erzähler erinnert sich an einen Flug nach Mykonos vor zwei Jahren, als er versehentlich an einem Strand für Homosexuelle badete, ein Albtraumerlebnis für ihn. Auf Rollos Party wird viel getrunken und gelacht, aber der Erzähler kommt zu dem Schluss, dass die Anwesenden keine Freunde von Rollo sein können, weil ihm Freunde doch sagen würden, dass er bereits wie ein

Geburtstagsfeier

Alkoholiker aussieht. Auch Sergio und Karin, die der Erzähler auf Sylt getroffen hat, sind anwesend. Während er auf Karins Mund starrt, denkt der Erzähler an einen ungarischen Lehrer im Internat Salem namens Solimosi, dessen Mund ähnlich aussah. Als der Erzähler Karins Mund küssen will, damit sie still ist, kommt Sergio zurück. Rollo steht inzwischen traurig und einsam herum, sodass der Erzähler mit ihm auf den Bootssteg geht, wo Rollo zu weinen beginnt. Unter dem Vorwand, sich ein Getränk zu holen, verlässt der Erzähler Rollo und fährt mit Rollos Porsche Richtung Schweiz.

Autofahrt in die Schweiz

ACHT

Nachricht vom Tod Rollos

Suche nach dem Grab Thomas Manns

Ruderfahrt auf den See

In Zürich vergleicht der Erzähler das Leben in der Schweiz mit dem in Deutschland. In einem Café liest er die Nachricht, dass Rollo unter Drogeneinfluss ertrunken ist. Einer spontanen Eingebung folgend, lässt der Erzähler sich mit dem Taxi zu einem Friedhof bringen, auf dem sich Thomas Manns Grab befinden soll, aber er findet die Grabstelle nicht. Spät in der Nacht verlässt der Erzähler den Friedhof und geht hinunter zum See. Am Bootsanleger sitzt ein Mann und raucht. Der Erzähler bittet ihn, ihn gegen Bezahlung auf die andere Seeseite zu rudern. Der Roman endet mit der Aussicht auf das baldige Erreichen der Seemitte.

Grab von Thomas Mann in Kilchberg bei Zürich (c) Wikipedia, Peter Berger 2005

3.3 Aufbau

- Sowohl geographisch (Reise von Norden in den Süden Deutschlands und darüber hinaus) als auch chronologisch bewegt sich die Erzählung entlang einer vertikalen Achse.
- Acht Kapitel, chronologisch erzählt (eine Woche und ein Tag), Zeitsprung von zwei Tagen zwischen Kapitel 7 und 8
- Reflexionen, Assoziationen und Erinnerungen unterbrechen immer wieder die chronologisch wiedergegebene Handlung.

Norden

EINS	**Sylt**, nördlichste Fischbude Deutschlands
ZWEI	Zugfahrt von Sylt **nach Hamburg**, Hamburg
DREI	Hamburg, Flug von Hamburg **nach Frankfurt**
VIER	Flughafen Frankfurt, Hotel und Kneipe in Frankfurt
FÜNF	Zugfahrt **nach Heidelberg**, Bar und Party in Heidelberg
SECHS	möglicherweise Zugfahrt **nach München** (Erinnerungslücke), München
SIEBEN	Autofahrt **nach Lindau** am Bodensee, Meersburg Zeitsprung von zwei Tagen, Verlassen Deutschlands
ACHT	**Zürich**, Schweiz

Süden

Der Roman ist in **acht Kapitel** unterteilt, die lediglich fortlaufend mit der Ziffer überschrieben sind. Das Hauptgeschehen wird überwiegend chronologisch und weitgehend zeitdeckend erzählt. Die Kapitelübergänge fügen sich ohne größere zeitliche Brüche oder längere Auslassungen in diese Erzählweise ein. Lediglich zwischen Kapitel „Sieben" und „Acht" gibt es einen Zeitsprung von zwei Tagen. Die einzelnen Kapitel sind bestimmten Orten zugeordnet, die als Zwischenstationen der Reise des Erzählers anzusehen sind. Die Reise geht vom nördlichsten Punkt Deutschlands, Sylt (Kapitel „Eins"), bis ganz in den Süden zum Bodensee (Kapitel „Sieben") und über die Landesgrenze hinaus. Am Schluss ist der Erzähler in der Schweiz (Kapitel „Acht"), hat also die Grenzen Deutschlands hinter sich gelassen.

Zeitsprung vor letztem Kapitel

Reise durch Deutschland

Das verwendete Tempus, **Präsens**, sorgt dafür, dass **erzählendes und erlebendes Ich quasi identisch** erscheinen (z. B. S. 17: „Wir sind jetzt fast am Strand."). Dennoch liegt der Erzählerstandort *hinter* den beschriebenen Ereignissen, auf die im ersten Satz mit dem Pronomen „es" verwiesen wird: „Also, es fängt damit an" (S. 13). Obwohl der Text am Schluss einen Suizid des Erzählers durch Ertrinken nahelegt, ist das Textgeschehen demnach als Rückblick zu verstehen. Die Ereignisse werden dann aber fortlaufend erzählt. Der Text wird somit von einer zeitlichen und einer geografischen Achse (von Nord nach Süd) strukturiert.

Zeitliche und geografische Achse

Neben der chronologischen Grundstruktur enthält die Ich-Erzählung dennoch viele Unterbrechungen durch Reflexionen und Erinnerungen. Die Wiederaufnahme des Erzählstranges auf der Ebene der Erzählgegenwart erfolgt mit Sprachfloskeln wie „also, ich", „wie gesagt" oder „also" (z. B. S. 65, 76, 92, 95, 101). Gelegentlich wird die Unterbrechung nach einer Rückkehr zum Erzählstrang noch einmal deutlich gemacht (z. B. S. 70: „*Was ich eben meinte mit den Briefen, die ich nicht verstanden habe, muss ich noch mal erklären.*").

Außer Rückblicken bzw. Erinnerungen (z. B. S. 72 ff., 92 ff., 96 f.) gibt es auch Vorausdeutungen (z. B. S. 65, Streit mit Alexander). Hier werden Erwartungen geweckt, die z. T. erst später eingelöst werden. Reflexionen, Fantasien und Erinnerungen des Erzählers haben eine zeitdehnende Funktion, d. h., die Erzählzeit ist an diesen Stellen länger als die erzählte Zeit. Während der Erzähler beispielsweise sein Hotelzimmer aufschließt, eine Handlung von wenigen Sekunden, erinnert er sich an seine Kindheitserlebnisse auf Madeira (vgl. S. 92–94). Eine Text verknüpfende, aber auch Spannung erzeugende Wirkung haben die knappen Andeutungen von entscheidenden Ereignissen (z. B. dem Streit mit Alexander) oder Anspielungen. In dieser Hinsicht spielen natürlich auch die Leitmotive eine wichtige Rolle.

Zeitdehnende Erinnerungen

Im Folgenden werden Beispiele für Unterbrechungen der chronologischen Erzählung und des Erzählstranges im Roman erläutert:

Erinnerungen an „früher", z. B. an die Kindheit oder die Zeit im Internat

EPISODE	MERKMAL DER ERINNERUNG
Kindheit am Meer (S. 16)	Gerüche
kleines Mädchen am Strand (S. 22 f.)	Sand in den Härchen am Arm
Fahrt im Zug (S. 25)	fäkale Fantasien
erste Liebe („Sarah"; S. 33 f.)	Flucht aus einer peinlichen Situation
mit dem Flugzeug nach Italien (S. 53)	Gefühl der Wichtigkeit der eigenen Person
Einladung bei Hansens auf Sylt (S. 79 f.)	Freundschaft, sozialer Unterschied
Aufenthalt auf Madeira mit dem Vater (S. 92–94)	Vernachlässigung, Einsamkeit

EPISODE	MERKMAL DER ERINNERUNG
Verweilen am See (S. 132)	Sensibilität für Natur und Stimmungen

Verklärte Kindheit

Die **Erinnerungen** zeichnen sich durch ihre **Detailliertheit** aus. Der Erzähler betont die Glaubwürdigkeit durch entsprechende Sprachfloskeln: „das weiß ich noch genau“ (S. 23) oder: „ich weiß heute noch, wie“ (S. 34). Insgesamt ergibt sich der Eindruck, dass der Erzähler, obwohl er auch Peinliches und Negatives erinnert, seine Kindheit tendenziell verklärt. Während früher spontane Kommunikation, Vertrauen und Ansätze von Freundschaft (vgl. S. 79) möglich schienen, leidet der Erzähler zunehmend unter Einsamkeit und der Erfahrung von Hilflosigkeit bzw. der Unfähigkeit, schwierige soziale Situationen zu bewältigen. Einige Kindheitserinnerungen sind durch fäkale Fantasien bestimmt und werden durch spezifische Gerüche (z. B. Bohnerwachs oder Seife) wieder heraufbeschworen.

Visionen und Fantasien über das eigene Leben oder das anderer Personen

PERSON	MERKMAL DER ERINNERUNG, DER FANTASIE
Selbstmörder von der Brücke (S. 28)	Eisenbahnbrücke, Selbstmörder oder Fäkalien
Isabella Rossellini (S. 59 f.)	glückliche Beziehung mit ihr
Designer der Bahn (Bord-Treff) (S. 85 f.)	Vermutung über das Zustandekommen des Namens
Rollos Mutter (S. 129)	ihr Leben als Alkoholikerin

Erinnerungen an Freunde und Freundschaften

ERINNERUNG	MERKMAL DER ERINNERUNG
Nigel, Socke statt Kaffeefilter (S. 37)	Ekel, Unangepasstheit Nigels
Alexander, Streit um Wim Wenders (S. 64)	Entfremdung, Streit
Alexanders Reisen, Fotos (S. 69 f.)	Unverständnis, Entfremdung

Assoziationen und Reflexionen zum Thema deutsche NS-Vergangenheit

REFLEXION	MERKMAL DER REFLEXION
Anekdote von Görings verlorenem Dolch (S. 17 f.)	Absurdität
Deutsche sehen aus wie Nazis (S. 96)	Ekel

3.4 Personenkonstellation und Charakteristiken

ZUSAMMEN-FASSUNG

Vorgestellt wird in diesem Kapitel der Icherzähler. Dieser wird vorwiegend charakterisiert durch seine Herkunft (wohlhabende Eltern, Internatsaufenthalte, keine feste Arbeit, dennoch finanziell sehr gut gestellt). Wir erfahren über ihn, dass er stark raucht und Alkohol sowie andere Drogen konsumiert. Geräusche und Gerüche lösen Erinnerungen an früher aus. Er ist widersprüchlich, emotional, sehr subjektiv und trotz seiner zur Schau gestellten Weltgewandtheit unreif. Überall vermutet er alte Nazis.
Es gibt keine erkennbare Familienbindung. Freunde oder engere Vertraute hat er nicht, obwohl er einige Personen als solche bezeichnet. Dazu gehören Nigel und Rollo, die ebenfalls in diesem Kapitel gekennzeichnet werden. Auch Frauen tauchen auf, allerdings hat keine eine engere Beziehung zum Protagonisten.
Jene Personen, die der Wirklichkeit entnommen sind, werden beispielhaft angeführt.

Der Icherzähler

Familiensituation

Der namenlos bleibende Icherzähler ist ein junger Erwachsener aus wohlhabenden Verhältnissen. Über seine familiäre Situation und Kindheit wird der Leser nur bruchstückhaft informiert. Auffällig ist, dass der Erzähler offenbar schon als Kind auf Geschäftsreisen des Vaters mitgenommen wurde und daher mit Reisen im Flugzeug oder dem Aufenthalt in teuren Hotels von klein auf vertraut ist (vgl. z. B. S. 53, 92). Allerdings wurde er häufig weitgehend **sich selbst überlassen**. Er scheint keine Geschwister zu haben, die Mutter wird nie erwähnt. Die Familie spielt in seinem Leben offenbar keine Rolle; elterliche Liebe und Wärme scheint er als Kind nicht kennen gelernt zu haben. Nur an eine **Bedienstete namens Bina**, die sich offenbar um ihn kümmerte, erinnert er sich mit einer gewissen Wehmut (vgl. S. 95, 126 u. 130). Darüber hinaus taucht nur in einem Nebensatz eine Erinnerung an Weihnachtsfeste bei sich zuhause auf (vgl. S. 135). Seine Jugend erlebte der Erzähler in dem elitären **Internat Salem**.

Bildung

Allerdings wurde er aus Salem „rausgeschmissen", hat also möglicherweise das Abitur nicht geschafft (vgl. S. 112). Dennoch verfügt er über ein Bildungswissen, das breit gestreut, insgesamt aber bruchstückhaft und unreflektiert ist. Besonders Kenntnisse im Bereich von Kunst, Literatur und deutscher Geschichte werden immer wieder deutlich. Einen extrem kritischen, übersensiblen Blick entwickelt er hinsichtlich der NS-Vergangenheit Deutschlands. Dies führt dazu, dass er oft in (älteren oder ihm unsympathischen) Menschen **Nazis** vermutet (vgl. S. 39, 55, 96 f.) oder bei Orten ihre **NS-Vergangenheit** durchscheinen sieht (vgl. S. 31, 88).

Finanzielle Situation

Der Erzähler verfügt (ebenso wie seine Bekannten) offenbar von Haus aus über quasi unbegrenzte finanzielle Mittel und eine entsprechende Kreditkarte, denn einer Arbeit geht er nicht nach. Seinen Sportwagen (Triumph) lässt er einfach auf Sylt stehen, er trägt nur exquisite Markenkleidung, steigt in erstklassigen Hotels ab und lässt sich mit dem Taxi auch weite Strecken fahren. Darüber hinaus benutzt er Flugzeug und Bahn, ohne auf Preise zu achten. Die teure Barbourjacke, die er verschmutzt hat, wird samt Inhalt der Jackentaschen einfach verbrannt.

Alkohol- und Drogenkonsum

Der Erzähler ist starker Raucher und konsumiert ständig Alkohol, nimmt aber zumindest gelegentlich auch andere Drogen zu sich (Ecstasy), obwohl er diese an sich ablehnt (vgl. S. 43). Vom Alkohol betäubt, vergisst er auch über längere Zeiträume das Essen, was die Wirkung des Alkohols verstärkt. Dennoch führt diese

Erkenntnis nicht zu einer Verhaltensänderung („Egal. Jetzt trinke ich einfach weiter. Ich kenne das schon. Da muss man durch. Ab und zu eine Zigarette rauchen, dann geht das schon in Ordnung.“, S. 98). Trinken, Rauchen, Drogenkonsum und auch Essen werden dabei durchaus nicht als angenehm erfahren. Er isst, obwohl ihm schlecht ist (vgl. S. 13), raucht, obwohl es ihm nicht schmeckt (vgl. S. 39), nimmt Pillen, obwohl er Drogen widerlich findet (vgl. S. 43). Die schlechte körperliche Verfassung des jungen Mannes („ich bin ganz außer Atem, also setze ich mich erst mal auf den Koffer und zünde mir eine Zigarette an“, S. 35) findet hier ihre Begründung.

Sinneswahrnehmungen: Riechen, Hören, Sehen

Dieses **widersprüchliche Verhalten, Fühlen und Urteilen** findet man auch in anderen Zusammenhängen (z. B. S. 36, 69 f., 73, 75, 83, 90, 117, 118, 119). Obwohl er seine Sinne ständig betäubt, ist der Erzähler extrem geruchsempfindlich. Gerüche von Dingen und Menschen werden genau wahrgenommen und mitgeteilt. Diese olfaktorischen Wahrnehmungen helfen ihm, sich zu orientieren und seine Umgebung einzuordnen (vgl. S. 57, 77 f., 132 f., 135). Während manche, mit dem Gefühl der körperlichen Erleichterung verbundene Gerüche zu positiven Empfindungen verhelfen (Geruch des Pissoir-Duftwürfels, vgl. S. 82 f.), dienen ihm unangenehme Gerüche zur Begründung, warum er eine Person abgelehnt (Mundgeruch, Schweißgeruch, vgl. S. 49, 85). Andere Gerüche sind mit bestimmten Erinnerungen oder Erlebnissen assoziiert (vgl. S. 16, 33, 92, 94, 126). Auch Geräusche werden gespeichert und wieder abgerufen. Bezeichnenderweise sind es die leisen und natürlichen Geräusche, die zu nachdenklichen Stimmungen führen (vgl. S. 131 f.), auf die sich der Erzähler dann allerdings doch nicht einlassen will. Das Gleiche gilt für optische Eindrücke. Hier nimmt der Erzähler teilweise extrem genau auch kleinste und für ihn offenbar unangenehme **körperliche Details** an anderen Menschen wahr (z. B. ein fehlendes Stück vom Schneidezahn, vgl. S. 82, Haare auf dem Handrücken, vgl. S. 90, vgl. auch S. 52, 58, 99), den Menschen als Person aber ignoriert er, bzw. es kommt zu keiner Kommunikation. In Bars, Kneipen, öffentlichen Verkehrsmitteln, auf Partys sitzt der Erzähler „in der Ecke“ und beobachtet „die Menschen“ (S. 98).

Kleidung und Mode

Diese Form der selektiven Wahrnehmung gilt auch für die eigene Person. Einerseits ist er sehr modebewusst und legt höchsten Wert auf korrekte Kleidungsdetails, Accessoires, Rasur usw. (vgl. S. 129, 133 f.). Andererseits vermeidet er es, sein Gesicht im Spiegel zu sehen und sich mit sich selbst auseinanderzusetzen (vgl. S. 78, 133, vgl. dagegen S. 80: „Ich sehe mich im Spiegel nackt auf der Bettkante sitzen, und ich lächle mich an.“). Mode und das angemessene modische Outfit für jede Gelegenheit spielen eine große Rolle. Andere Personen werden abgelehnt, wenn sie unmodisch, schlecht oder billig gekleidet sind; auch an seinem Freund Nigel irritiert ihn dessen „schäbig(e)“ Kleidung (S. 32). Die geradezu schwärmerischen Beschreibungen von Oberhemden einer bestimmten Marke (vgl. S. 95) und zeremonielles Umziehen verdeutlichen die Wichtigkeit von Kleidung für den Erzähler. Wenn er auch mit sich selbst nicht gerade pfleglich umgeht, achtet er sehr auf ordentliche und achtsame Behandlung der Kleidungsstücke (vgl. S. 78, 80, 95). Er behauptet, „aus dem Umziehen“ immer „viel Kraft“ zu schöpfen (S. 95).

Arroganz und Unsicherheit

Trotz aller Reiseerfahrung und zur Schau gestellter Weltgewandtheit macht der Erzähler einen unsicheren und unreifen Eindruck. Viele **nonverbale Signale** (Gestik, Mimik, Körperhaltung) verraten seine Unsicherheit. So traut er sich nicht, seine Sitznachbarin im Flugzeug anzulächeln (vgl. S. 65 f.). Häufig weiß er nicht, wohin mit seinen Händen und hält sich dann buchstäblich an Gläsern, Bierflaschen und Zigaretten fest (vgl. S. 41, 104). Einerseits urteilt er scharf und entschieden über die verschiedensten Dinge (Getränke, Literatur, Kunst, Kleidung, Werbung), andererseits drückt die wiederholt verwendete **Sprachfloskel** „wenn ich mich nicht irre“ (vgl. S. 43) seine Zweifel an der Richtigkeit des eigenen Urteils und der eigenen Wahrnehmung aus. Die fehlende Selbstsicherheit wirkt sich insgesamt in widersprüchlichem Verhalten, in Selbstüberschätzung und übertrieben **scharfen Urteilen** aus (vgl. S. 39, 61, 62, 75). Auch seine **Neigung zur Fäkalsprache** gehört in diesen Zusammenhang (vgl. S. 34, 68, 109, 129). Seine Unsicherheit zeigt sich jedoch gerade in Situationen, die neu oder überraschend sind oder die seine sexuelle Identität in Frage stellen; typischerweise reagiert er darauf, indem er die Situation fluchtartig verlässt. Das gilt für seine Reaktion auf die Einladung zum Gruppensex bei Nigel (vgl. S. 51 f.) oder den homosexuellen Annäherungsversuch von Eugen (vgl. S. 105 f.). Ebenso überfordert reagiert er auf Situationen zwischenmenschlicher Nähe, z. B. als er mit Rollo auf dem Bootssteg steht (vgl. S. 150 f.). Wenn ihn etwas besonders erschüttert, zittern ihm die Hände, weint er (vgl. S. 52) oder er erbricht sich (vgl. S. 77 f.). Ein anderes Zeichen von Überforderung ist, dass ihm schwindelig wird oder er in Ohnmacht fällt (vgl. S. 109 f.). Dennoch bittet er nie jemanden um Hilfe oder vertraut sich einem anderen an. Stattdessen werden die Probleme ignoriert bzw. heruntergespielt oder durch Drogenkonsum überdeckt. Die Flucht vor der Realität vermutet er bei anderen, z. B. bei Rollos Mutter (vgl. S. 129), erkennt sie aber im eigenen Fall nicht. Daher kann er auch keinem anderen Helfer und Stütze sein. Er ist selbst **ziel- und heimatlos** und lässt sich treiben (vgl. S. 65). Auffallend ist auch, wie sehr seine moralische Entwicklung seine **mangelnde Reife** belegt: Weder Diebstähle (vgl. S. 84, 151) noch die fatalen Folgen seines zumindest grob fahrlässigen Verhaltens, den depressiven, alkoholisierten Freund auf den Bootssteg zu führen und dort allein stehen zu lassen (vgl. S. 150), scheinen ihm Gewissensbisse zu bereiten.

Flucht aus unsicheren sozialen Situationen

Verhältnis zu anderen und sich selbst

Anpassung oder **Unterwerfung unter Gruppendruck** begründet er positiv mit Höflichkeit (vgl. S. 106). Tatsächlich ist ihm aber die Anerkennung durch andere wichtig. Deshalb reagiert er auch gekränkt auf die Missachtung seiner Person, gesteht sich dies allerdings nur abgeschwächt als **Gefühl von Peinlichkeit** ein (vgl. S. 40). Dabei gehört es aber zu den regelmäßigen Erfahrungen des Erzählers, dass er, etwa aufgrund mangelnden Insiderwissens, negativ auffällt (vgl. S. 40 f.) oder dass er nicht beachtet, erkannt oder sogar überhaupt nicht wahrgenommen wird (vgl. S. 41, 83, 119). Diese Erfahrungen hängen jedoch auch damit zusammen, dass er sich selbst nicht annehmen kann und sowohl eine äußerliche Selbstwahrnehmung (Reflexion im Spiegel) als auch die Auseinandersetzung mit seinem Inneren vermeidet (Betäubung durch Alkohol und Drogen). Scham- oder Reuegefühle nach eigenem Versagen (vgl. S. 138) werden zwar kurz konstatiert, aber eher unterdrückt. Häufig enden diese Situationen in Aggressionsentladungen meist verbaler Art oder in Flucht (vgl. S. 34, 110). Selbstkritik wird hingegen nicht zugelassen.

Keine Selbstkritik

Beziehung zu anderen Personen

Informationen und Bewertungen der anderen Personen und „Freunde“ des Icherzählers sind **extrem subjektiv und widersprüchlich**. Im Laufe der Erzählung ändert sich der Eindruck des Lesers von einer Person – hervorgerufen durch entgegengesetzte Darstellung oder Beurteilung durch den Erzähler – z. T. drastisch. Mitunter erfindet bzw. fantasiert der Erzähler auch, wenn er von anderen berichtet. Dennoch lassen sich einige Schwerpunkte der Beziehung zu anderen ausmachen.

Nigel

Nigel wohnt in Hamburg im In-Viertel Pöseldorf. Dort hat er eine teure, große und schöne Wohnung, die er offenbar von seinem Erbe finanziert. Sie ist bestückt mit Wertgegenständen und Büchern, wirkt aber vernachlässigt und unpersönlich. Der Erzähler kennt Nigel „schon ziemlich lange, weiß aber immer noch nicht, was er genau macht.“ (S. 30). Außer dass Nigel mit Anlageberatern in aller Welt telefoniert, weiß der Erzähler nichts über den Lebensunterhalt Nigels zu berichten. Im Kontrast zu seinen finanziellen Möglichkeiten steht Nigels Neigung zum Understatement und zur Schmuddeligkeit. Das drückt sich im Sauberkeitszustand von Wohnung und Kleidung aus sowie in der Art der Kleidung. Statt wie der Erzähler Kleidung von Markenfirmen zu kaufen, trägt Nigel löchrige T-Shirts mit den Werbelogos von Firmen. Dies empfinde Nigel als provokativ, hat er einmal dem Erzähler gestanden. Nigel konsumiert Drogen und geht gern auf Partys und in schmutzige Bars.

Bewusstes Understatement

Wenn der Erzähler Nigel anfangs als einen idealen Menschen einführt, der „der am wenigsten eingebildete Mensch“ (S. 36) ist, den er kennt, und ihm zuliebe Zugeständnisse verschiedenster Art macht (etwa in schmutzige Bars mitgeht), ändert sich die Einschätzung recht schnell. Aus dem guten Zuhörer Nigel (vgl. S. 34) wird kurz darauf jemand, der ein „im Grunde asozialer Mensch ist, (...) nicht kommunikationsfähig“ (S. 38). Auch die anfangs behauptete Freundschaft wird implizit in Frage gestellt, wenn keine wirklichen Gespräche mit Nigel geführt werden können und Nigel seinen Gast sofort ignoriert, sobald er auf Partys jemand anderen trifft. Dennoch lässt sich der Erzähler von Nigel zum Drogenkonsum verführen. Erst als er Nigel beim Gruppensex in dessen Wohnung trifft und zur Teilnahme eingeladen wird, gibt der Erzähler diese „Freundschaft“ ohne Rücksprache oder Abschied auf. Als er ihn dann noch einmal zufällig auf einer Party in Heidelberg begegnet

Abrupter Wechsel in der Bewertung durch Icherzähler

und mit ansehen muss, wie sich Nigel Drogen spritzt, reagiert der Erzähler sehr emotional und betroffen (vgl. S. 109, 131). Aber dort erkennt ihn Nigel nicht mehr wieder.

Alexander

Freund aus Jugendtagen

Auch Alexander, der in Frankfurt wohnt, bezeichnet der Erzähler zunächst als (alten) Freund und rühmt ihn dafür, dass ihn nichts kränkt (vgl. S. 40). Damit wird zugleich deutlich, was der Erzähler sich selbst wünscht: Selbstsicherheit, Schutz vor Verletzung und Kränkung. Alexander war ein **Zimmergenosse im Internat Salem**, stammt folglich ebenfalls aus vermögendem Elternhaus. Destruktive Einstellungen, hoher Alkoholkonsum und teure Kleidung kennzeichneten ihn und bildeten die gemeinsame Basis. Darüber hinaus beneidete ihn der Erzähler um seine Wirkung auf Frauen (vgl. S. 65). Erst im Laufe des Romans wird deutlich, welch intensive Beziehung zu Alexander einst bestand.[15] Alexander reiste nach dem Abitur viel, auch durch Dritte-Welt-Länder, und pflegte das bizarre **Hobby**, Spuren des Modern Talking-Songs *You 're my heart, you 're my soul* (S. 70 f.) zu suchen. Aus der ganzen Welt schickte er dem Erzähler Fotos und Briefe, deren Inhalt dieser immer noch erinnert (vgl. S. 69 f., 116 f.). Wenn harmlos der Begriff **„Streit“** als Trennungsgrund genannt wird und dass man sich danach etwas „aus den Augen verloren“ habe (vgl. S. 65), ist doch aufgrund der intensiven körperlichen Reaktion des Erzählers (vgl. S. 77 f.) schnell erkennbar, dass hier schwerwiegende emotionale Gründe für die Trennung vorliegen. Die positiven Aussagen zu Alexander ändern sich im Laufe des Romans zu negativen Charakterisierungen. Anfangs ist Alexander für den Erzähler „ein feiner

Vorbild für Icherzähler

---

15 In diesem Zusammenhang wird häufig eine latente bzw. unterdrückte Homosexualität des Erzählers vermutet. Vgl. Baßler, *Christian Kracht*, S. 725.

Kerl" und „guter Freund" mit einem „klugen Kopf" (S. 69), dann wird er als sehr stur beschrieben (vgl. S. 75). Für die persönlichen Divergenzen wird dabei Alexanders Liebe zu einem Mädchen namens Varna verantwortlich gemacht. Bezeichnenderweise nimmt der Erzähler sich als Erinnerungsstück **Alexanders Jacke** heimlich mit und trägt sie selbst, wohl ebenfalls ein Zeichen dafür, wie sehr er immer noch an Alexander hängt.

Rollo

Von Rollo, einem weiteren alten „Freund", erfahren wir vor allem, dass er über immense finanzielle Mittel verfügt, die ihm einen großzügigen Lebensstil und u. a. eine „riesengroß[e]" Wohnung in München-Bogenhausen erlauben (S. 121). Aufgewachsen ist Rollo in der Villa seiner Eltern in Meersburg am Bodensee. Allerdings stand Rollo offenbar die meiste Zeit unter der Obhut des ausländischen Personals. Die Eltern scheinen sich vor allem mit sich selbst beschäftigt zu haben; der Vater ist so reich, dass er zum Mäzen eines indischen Gurus wurde und in Indien auch viel Zeit verbringt. Von der Mutter, von der Rollo nie spricht, vermutet der Erzähler, dass sie alkohol- oder tablettensüchtig ist und diese Neigung an Rollo vererbt hat; später stellt sich heraus, dass sie sich in einer Psychiatrie befindet (vgl. S. 129 u. 155). Dennoch zeigen Rollos Freude und Aufregung bei der Ankunft in Meersburg (vgl. S. 128, 130), dass er an dem Elternhaus hängt. Als Kind hat er die freie Waldorfschule besucht. Schon als Jugendlicher hat Rollo viel Zeit allein verbracht mit Musikhören, Lesen oder nächtlichen Ausflügen an einen Fluss in der Gegend (vgl. S. 129). **Rauchen und Drogenkonsum** gehörten schon früh zu seinem Leben. Außerdem hatte er eine Tendenz zur **Selbstaggression** (brannte sich absichtlich Zigarettenlöcher in den Arm, vgl. S. 129). Dieses Verhalten und sein hektisches Lidflattern als psychosomatisches Symptom

Rollos familiärer Hintergrund

(vgl. S. 120, 137) deuten auf eine **emotionale Instabilität** hin, die der Erzähler aber nicht wahrhaben will. Rollo betäubt sich offenbar pausenlos mit Beruhigungsmitteln, vor allem Valium, sucht Halt und Ruhe, umgibt sich aber zugleich mit Menschen, von denen selbst der Erzähler bezweifelt, dass sie wirklich seine Freunde sind, da niemand Rollos offensichtliche Probleme anspricht oder ihm helfen will (vgl. S. 144). Neben der Feststellung positiver Eigenschaften seines Freundes („souverän", S. 114, „der beste Gastgeber der Welt", S. 122) urteilt der Erzähler auch abwertend über Rollo („dumm", S. 134, „hat eine ziemlich bösartige Ader", S. 117). Rollo hat dem Erzähler offenbar aus einer unangenehmen Lage geholfen, als er ihn von der desaströsen Party in Heidelberg zu sich nach München brachte. Dies wird aber nicht zum Thema eines Gespräches gemacht, weil es dem Erzähler „ziemlich peinlich" wäre (vgl. S. 112). Der Erzähler kommt sogar zu dem Schluss, dass Rollo sich nicht für ihn und seine Gesprächsthemen interessiert.

Rollos Tod: Unglück oder Selbstmord?

Er registriert sehr wohl, dass Rollo ein intensives Suchtproblem hat, und entwickelt Vorstellungen, was man als Freund tun müsste, um ihm zu helfen (S. 138 f). Als Rollo aber seine Hilfe sucht oder zumindest braucht, lässt der Erzähler ihn unter einem Vorwand allein zurück, nachdem er ihn fatalerweise ausgerechnet auf einen Bootssteg geführt hat. Rollo begeht anschließend entweder Selbstmord oder stürzt aufgrund seines Alkohol- und Drogenpegels versehentlich in den See.

Weitere Personen

Neben diesen Personen gibt es noch einige, die der Erzähler offenbar schon länger kennt oder die für ihn interessant sind. Dazu gehören:

- **Karin:** Er trifft sie auf Sylt, und sie verbringen zusammen mit anderen den Tag, sie küssen sich, Karin lässt ihn abrupt stehen und fährt weg (vgl. S. 23 f.), später begegnet er ihr wieder auf Rollos Party.
- **Anne:** Er begegnet ihr auf Sylt und auf der Party in Hamburg, Anne ignoriert ihn dort aber (vgl. S. 41).
- **Nadja:** Er lernt sie auf der Party mit Eugen kennen. Anfangs ist der Erzähler von Sympathie und erotischen Gefühlen für sie erfüllt, sie verschwindet dann aber bald. Später entdeckt der Erzähler sie zusammen mit Nigel beim Heroin-Konsum (vgl. S. 108 f.).
- **Varna:** Sie ist (oder war) Alexanders Freundin. Sie stammt aus Ostdeutschland, wohnt in Frankfurt, geht jeden Tag aus, meist auf Vernissagen, und kennt sehr viele Leute. Der Erzähler macht lediglich abfällige Bemerkungen über sie, beschreibt sie als billig und dämlich (vgl. S. 73–76).
- **Hannah:** Sie verkauft Zigaretten und Bonbons in einer Kneipe in München. Der Erzähler bezeichnet sie als eine wirkliche Schönheit und würde gern mit ihr sprechen. Sie beachtet ihn aber nicht (vgl. S. 119).
- **Ona:** Ein Mädchen, an das er sich wegen Rollos hektischem Lidflattern erinnert (vgl. S. 120).
- **Eugen:** Er ist offenbar ein Student in Heidelberg sowie Mitglied einer Studentenverbindung und macht anfangs einen netten Eindruck auf den Erzähler, bis Eugen sich ihm auf einer Party unverhohlen homosexuell nähert (vgl. S. 107).

Reale Personen im Roman

Daneben treten in dem Roman auch viele real existierende Personen als Nebenfiguren auf, z. B. der damalige Chefredakteur der Zeitschrift *Tempo*, Jürgen Fischer (vgl. S. 41), der Trendforscher Matthias Horx (vgl. S. 86), der Schriftsteller Maxim Biller (vgl.

S. 118) oder der Kolumnist Uwe Kopf (vgl. S. 118). Diese Figuren gehören quasi zur **Staffage** des Romans, mit denen die **Illusion von Realität** inszeniert wird, zugleich charakterisieren sie das **(Szene-)Milieu**, in dem sich der Erzähler bewegt.

Allen Personen des Romans, den fiktiven wie „realen", ist gemeinsam, dass sie keine finanziellen Sorgen zu haben scheinen, dass sie übermäßig und regelmäßig Alkohol oder Drogen konsumieren, dass sich mit ihnen keine persönlichen Gespräche führen lassen, dass sie pausenlos von einem (angesagten) Ort zum nächsten unterwegs sind und sich ständig in Szene-Kneipen, Vernissagen und auf Partys in der ganzen Republik über den Weg laufen.

3.5 Sachliche und sprachliche Erläuterungen

EINS

S. 13	**Traxx**	Szenediskothek in Hamburg
	P I	Szenediskothek in München
	BWL	Betriebswirtschaftslehre
	Barbourjacke	Jacke der schottischen Modefirma J. Barbour & Sons, dem weltweit bekanntesten Hersteller von Wachsjacken; im Roman ein Kultobjekt (vgl. Kapitel 3.6)
S. 14	**Warentermin-geschäfte**	Fachbegriff aus der Finanzwelt; der Kauf oder Verkauf von Rohstoffen oder anderen Gütern, der auf Termin, d. h. zu einem späteren Zeitpunkt stattfindet. Warentermingeschäfte sind hochspekulativ, d. h. ebenso gewinnträchtig wie riskant.
	Gaultier	Jean-Paul Gaultier (geb. 1952), französischer Modeschöpfer, bekannt für seine ausgefallenen Kreationen
	Christian Lacroix	(geb. 1951), französischer Modeschöpfer, kreiert zum Teil sehr farbenfreudige, exotische Haute Couture (franz. „Hohe Schneiderkunst")
	Salmonellen	Bakterien, die eine Durchfallerkrankung verursachen
S. 16	**Maxim Biller**	(geb. 1960), deutscher Schriftsteller aus dem Umkreis der Pop-Literatur, Sohn russischer-jüdischer Eltern, veröffentlichte u. a. in *Tempo*, *Der Spiegel*, *Die Zeit*
S. 17	**Göring**	Hermann Göring (1893–1946), NS-Politiker, zweitmächtigster Mann im „Dritten Reich"
S. 18	**Flak**	Kurzwort für Flugabwehrkanone
	Rolex	Schweizer Uhrenmarke, bekannt für hochwertige und teure Produkte

S. 19	**Rungholt**	bedeutendster Handelsplatz Nordfrieslands, ging in der Sturmflut 1362 – also nicht „vor zweihundert Jahren" – unter („Grote Mandränke")
S. 22	**Hajo Friedrichs**	Hanns Joachim Friedrichs (1927–1995), deutscher Journalist, Moderator der ARD-„Tagesthemen"
S. 23	**Kupferkanne**	berühmtes Café bei Kampen/Sylt, Promi- und Künstlertreff

ZWEI

S. 25	**Triumph**	nicht mehr existierender Hersteller von Sportwagen
S. 31	**Blohm & Voß-Werft**	1877 gegründete Hamburger Schiffswerft, die im „Dritten Reich" tatsächlich vor allem U-Boote baute.
S. 35	**Biedermeier-Sekretär**	Schreibschrank aus der Biedermeierzeit (1815–1848)
S. 37	**Gestapo**	Abkürzung für Geheime Staatspolizei (im „Dritten Reich")
	Schupo	Abkürzung für Schutzpolizei
S. 38	**Prinz**	monatlich erscheinendes Stadtmagazin für deutsche Großstädte
S. 39	**Hafenstraße**	Begriff für die seit Mitte der achtziger Jahre besetzten Häuser in der St. Pauli-Hafenstraße und Bernhard-Nocht-Straße im Hamburger Stadtteil St. Pauli
S. 40	**Sam Peckinpah**	(1925–1984), US-amerik. Western-Regisseur
	Gilles Deleuze	(1925–1995), franz. Philosoph, Vertreter des Dekonstruktivismus
	Rio Bravo	US-Film von 1959, einer der erfolgreichsten Western der Filmgeschichte
	Christian Metz	(1933–1993), franz. Filmtheoretiker, begründete im Rückgriff auf Psychoanalyse und Linguistik eine „Filmsemiologie

S. 41	**Jürgen Fischer**	Jürgen Fischer war von 1990 bis 1992 Chefredakteur des „Zeitgeist"-Magazins *Tempo*, eine einflussreiche Zeitschrift der achtziger und neunziger Jahre.
S. 46	**Twin Peaks**	Fernsehserie von David Lynch (1990–1991); eine der einflussreichsten Krimi- und Mystery-Serien der Fernsehgeschichte
S. 46	**Angelo Badalamenti**	US-amerik. Filmkomponist, schrieb den Soundtrack zur TV-Serie *Twin Peaks.*
S. 48	**Der Exorzist**	US-Horrorfilm von 1973 über ein vom Teufel besessenes Mädchen
S. 49	**Hamburger Feuersturm**	Zerstörung Hamburgs Ende Juli 1943 durch die alliierte Luftwaffe („Operation Gomorrha")

DREI

S. 55	**Phuket-Aufenthalt**	Urlaubsinsel in Süd-Thailand
S. 59	**Isabella Rossellini**	ital. Schauspielerin, geb. 1952, wurde bekannt mit Filmen von David Lynch (*Blue Velvet*, 1986; *Wild at Heart*, 1990)
S. 61	**Ernst Jünger**	(1895–1998), deutscher Schriftsteller, feierte die Schrecken des Ersten Weltkriegs in seinem stilisierten Tagebuch *In Stahlgewittern* (1920 ff.), war in der Weimarer Republik einer der repräsentativen Ideologen national-konservativer Kreise und aufgrund seiner Schriften im Nachkriegsdeutschland stets umstritten.
	Hermann Hesse	(1877–1962), deutscher Schriftsteller, 1946 Nobelpreis für Literatur
S. 63	**Triumph des Willens**	propagandistischer Dokumentarfilm über den NSDAP-Reichsparteitag 1934 und eines der einflussreichsten Werke der deutschen Filmregisseurin und Schauspielerin Leni Riefenstahl (1902–2003)

S. 63	**Panzerkreuzer Potemkin**	Stummfilm des sowjetischen Filmregisseurs Sergei Eisenstein (1898–1948) von 1925, der die russische Revolution von 1905 feiert. Aufgrund seiner Technik der Filmmontage einer der einflussreichsten Filme aller Zeiten.
	Der Himmel über Berlin	Film des deutschen Filmregisseurs Wim Wenders (geb. 1945)
S. 64	**Salem**	Die Schule Schloss Salem ist ein Elite-Internat nahe des Bodensees. Es wurde unter der Schirmherrschaft von Prinz Max von Baden durch den Pädagogen Kurt Hahn in Salem (Baden-Württemberg) 1920 gegründet. Hahn verfolgte nach englischem Vorbild Prinzipien der Erziehung zur Eigenpersönlichkeit, zur Menschlichkeit und zur Verantwortung gegenüber der Gemeinschaft. Der Besuch der Schule ist teuer.

VIER

S. 67	**Brown Boveri**	Konzern der Elektrotechnik, der 1988 mit ABB fusionierte
S. 69	**Walther von der Vogelweide**	(um 1170–um 1230), mittelhochdeutscher Dichter (also kein Maler, wie der Erzähler vermutet)
	Bernard von Clairvaux	(um 1090–1153), franz. Abt und Kirchenlehrer (also kein Maler, wie der Erzähler vermutet)
	Der Name der Rose	Verfilmung des Romans von Umberto Eco von 1986. Der zuerst 1980 in Italien erschienene Roman wurde auf der ganzen Welt, aber besonders in Deutschland ein großer Erfolg.
	Kykladen	Inselgruppe im Ägäischen Meer, eines der beliebtesten Reiseziele in Griechenland
	Juan-Les-Pins	Seebad an der Côte d'Azur
S. 74	**Vernissage**	Eröffnung einer Kunstausstellung
	Spex	einflussreiche deutschsprachige Musikzeitschrift

S. 75	**Diedrich Diederichsen**	(geb. 1957), Kulturwissenschaftler und Journalist, einer der wichtigsten deutschen Poptheoretiker
S. 79	**Grünofant**	in den siebziger und achtziger Jahren beliebtes Eis mit Waldmeistergeschmack

FÜNF

S. 86	**Matthias Horx**	(geb. 1955), deutscher Trend- und Zukunftsforscher, Unternehmensberater
S. 95	**Landser-Heft**	1957 begründete Heftromanreihe des Verlags Pabel-Moewig mit militärhistorischen Geschichten aus dem Zweiten Weltkrieg, der eine Verharmlosung, wenn nicht Verherrlichung des Krieges vorgeworfen wird.
S. 96	**Wachturm**	Gratiszeitschrift der christlich-chiliastischen Religionsgemeinschaft „Die Zeugen Jehovas"
S. 100	**Stalingrad**	Deutscher Anti-Kriegsfilm von 1993, in dem Regisseur Joseph Vilsmaier den aussichtslosen Kampf der im Zweiten Weltkrieg im Kessel von Stalingrad eingeschlossenen deutschen 6. Armee zeigt.
S. 101	**Wagner-Nazigewitter**	Die Werke des deutschen Komponisten Richard Wagner (1813–1883) waren bei den Nazis sehr beliebt.
S. 105	**Schmiss**	Verletzung bzw. Narbe im Gesicht als Folge einer Mensur (Fechtkampf), wie sie traditionell in schlagenden (und politisch meist rechtskonservativ orientierten) Studentenverbindungen gefochten wird.

SECHS

S. 111	**Rave**	Partytanzveranstaltung mit elektronischer bzw. Techno-Musik
S. 114	**Valium**	Psychopharmakon zur Behandlung von Angstzuständen

S. 115	**Andreas Vollenweider**	(geb. 1953), Schweizer Musiker, Komponist von New-Age-Entspannungsmusik
	Koyaanisqatsi	US-amerik. Kunst-Film von 1983 des Regisseurs Godfrey Reggio, zu dem Philip Glass, ein Vertreter des Minimalismus, die Musik komponierte.
	Der Garten der Lüste	berühmtes dreiteiliges Altarbild des niederländischen Malers Hieronymus Bosch (um 1450–1516)
S. 116	**Ragnarök**	altnordisch „Götterverhängnis“; in der altnordischen Mythologie der Endkampf der Götter mit den feindlichen Mächten
S. 117	**Kurt Cobain**	(1967–1994), Sänger der Grund-Band Nirwana
S. 118	**Uwe Kopf**	deutscher Journalist, um 1990 neben Maxim Biller und Peter Glaser Kolumnist der Zeitschrift *Tempo*
S. 121	**Tsing Tao**	Stadt im Süden der Halbinsel Shandong, China; Teil der für 99 Jahre gepachteten deutschen Kolonie Kiautschou (1898–1914)

SIEBEN

S. 126	**Waldorfschule**	Private Schulen, die nach Aufbau und Lehrplan Rudolf Steiners anthroposophischen Konzeptionen folgen. Die pädagogische Ausrichtung sieht keine Prüfungen und kein Sitzenbleiben vor. Künstlerische und praktische Fächer sollen zur Ausbildung der Fantasie und der Persönlichkeit beitragen (Orchesterspiel, Eurythmie, Malen, Modellieren, Schauspiel usw.).
S. 127	**Aschram**	klosterähnliches Meditationszentrum
S. 147	**Budapester Aufstand**	vermutlich der Ungarische Volksaufstand gegen die kommunistischen Machthaber im Oktober 1956

S. 147	**zwei polnische Fremdarbeiter**	Während des Zweiten Weltkrieges mussten zahlreiche Fremd- und Zwangsarbeiter, v. a. aus Polen und der Sowjetunion, unter unmenschlichen Bedingungen in Deutschland arbeiten (insg. über 7 Mio.), viele verloren dabei ihr Leben.

ACHT

S. 158	**Volxküchen**	Einrichtung der Hausbesetzer-Szene der achtziger Jahre, Gruppenkochen, bei dem Essen zum Selbstkostenpreis ausgegeben wird. Die eigenwillige Schreibweise gründet in der anti-nationalsozialistischen Haltung der Szene (statt „Volk“).
S. 159	**Grab von Thomas Mann**	Der am 12. August 1955 in Zürich verstorbene Schriftsteller Thomas Mann ist tatsächlich auf dem Kilchberger Friedhof begraben.

3.6 Stil und Sprache

ZUSAMMEN-FASSUNG

Stil und Sprache des Textes sind vor allem durch drei Faktoren bestimmt, die im Folgenden genau und am Beispiel ausgeführt werden:

→ gesprochene Sprache
→ Jugend- und Szenesprache
→ Verwendung rhetorischer und stilistischer Figuren, poetischer Sprachgebrauch

Zu den wichtigen Dingsymbolen und Leitmotiven gehören:

→ die Barbourjacke
→ das Blickmotiv (sehen, gesehen werden, Augen, erkennen)
→ Zigaretten

Gesprochene Sprache

Erzähler „spricht" mit dem impliziten Leser

Die Wahl der Sprachebene ist in Krachts Roman wesentlich durch die **Kommunikationssituation** bestimmt: Der Erzähler „spricht" mit dem impliziten Leser, er kommuniziert bewusst mit ihm. Der Stil weist daher typische Merkmale von Mündlichkeit (im Gegensatz zu Schriftlichkeit) und Umgangssprache auf. Im Text wird die **Gegenwärtigkeit des Erzählens** durch das Grundtempus Präsens und durch wiederkehrende adverbiale Bestimmungen der Zeit („in diesem Moment", S. 52, „in dem Moment", S. 102) heraufbeschworen (vgl. dazu auch Kapitel3.3). Darüber hinaus weckt der Erzähler Erwartungen durch Vorausdeutungen auf unmittelbar folgende Erzählteile („ich erzähle auch gleich warum", S. 74)[16] oder relativiert kurz zuvor gemachte Aussagen („das habe ich

---

16 Diese Ankündigung wird allerdings nicht erfüllt.

vorhin nur so gesagt“, S. 91). Im Plauderton einer Unterhaltung erinnert er das eigene Erzählen („Dabei fällt mir ein, dass ich noch nicht erzählt habe“, S. 75). Diese zeitliche Nähe zum Leser geht einher mit dem Gestus von Vertraulichkeit und Intimität.

Der Erzähler

→ **erzählt** dem Leser private **Geheimnisse** („Ich habe das noch niemandem erzählt“, S. 132).
→ **teilt** ihm **Urteile** über Freunde **mit**, die er diesen selbst nicht mitteilen würde („Gott, das würde ich ihm nie sagen, aber irgendwie ist er nicht kommunikationsfähig“, S. 38).
→ **gibt Empfindungen zu** („Das haut mich um. So ein brillanter Satz.“, S. 46).
→ **erläutert oder begründet** bestimmte **Abweichungen** (digressions) im Erzählen („Einmal, letztes Jahr, das hat jetzt nichts mit klassischer Kleidung zu tun, passierte dies“, S. 37; „Ich hab das mal erzählt, weil es irgendetwas mit dem Geruch der Seife zu tun hat.“, S. 94).
→ **gibt Erklärungen ab** und teilt sein Wissen mit dem Leser („dabei fällt mir ein, dass ich gerade erst neulich gemerkt habe, warum Hanuta Hanuta heißt. Das ist nämlich so: (...)“, S. 37; ebenso z. B. S. 46: „Angelo Badalamenti“; S. 62: „Lufthansa-Bordbuch“; S. 119: „Essecken“)
→ **gibt Unsicherheiten** bei der Darstellung **zu** („Ich weiß nicht, ob ich das richtig erklärt habe.“, S. 43; „ich kann das nicht anders beschreiben“, S. 45; „am Rand oder am Saum, oder wie das heißt“, S. 37).
→ **gibt Unwissen zu** („Wie die genau heißen, hab ich vergessen.“, S. 84).

- → **reflektiert die Reaktion des Lesers** („Ich weiß, das klingt jetzt komisch, aber ich sage das trotzdem mal“, S. 96; „Das klingt jetzt alles reichlich merkwürdig“, S. 93).
- → **enthält** andererseits **dem Leser bestimmte Informationen vor** („Ich nenne sie jetzt mal einfach Sarah“, S. 33).
- → **beteuert** den **Wahrheitsgehalt** des Erzählten („ich erfinde nichts, das sagt sie jetzt wirklich“, S. 46; „(...) aber es ist doch wahr. Das ist sogar tausendprozentig wahr.“, S. 59; „es stimmt tatsächlich“, S. 96; „das schwöre ich“, S. 97; „wirklich wahr“, S. 98).
- → **bekräftigt die Richtigkeit der Wortwahl** („Das nennt sich wirklich so.“, S. 85; „Das ist wieder so ein Wort. Das glaubt man gar nicht, dass es so etwas gibt.“, S. 96).

Merkmale der gesprochenen Sprache

Die folgende Tabelle erläutert Merkmale, an der die Sprachebene der **gesprochenen Sprache** erkennbar ist:[17]

SPRACHLICHES MITTEL	ERKLÄRUNG	BEISPIEL
Füllsel	füllt Lücken aus, gibt dem Sprecher Zeit zum Nachdenken über weitere Sprachäußerung	„ja“ (S. 87, 97) „also“ (S. 95, 104, 138) „na ja“ oder „na ja, egal“ (S. 41, 92, 103, 116, 125)
Verkürzungen	z. B. Weglassen des „e“ bei Verben, um Zeit zu sparen	„**hab** ich vergessen“ (S. 84) „Ich **hab** sie“ (S. 92)
Inversion	Umkehrung der üblichen Wortstellung folgt dem Gebrauch in der gesprochenen Sprache	„weil **dafür kann** er ja nun wirklich nichts“ (S. 91)

---

17 Hervorhebungen in den Beispielen nicht im Original.

SPRACHLICHES MITTEL	ERKLÄRUNG	BEISPIEL
Doppelungen und Einschübe	ergibt sich aus dem kommunikativen Kontext, notwendig zur Absicherung der Botschaft, Appellfunktion	„Ich habe **da** noch gar nicht **drüber** nachgedacht" (S. 117) „Ich meine, **bitte**, ich war da vielleicht gerade mal elf." (S. 93) „wie gesagt" (S. 101, 129 f.)
nachgestellte Aussagen	Verdeutlichung des Gemeinten, Korrektur des Gesagten, Richtigstellung	„obwohl **das** sonst so gar nicht meine Art ist, **aus der Flasche zu trinken**, meine ich" (S. 43)
Verwendung von Indefinitpronomen	Ausdruck der Beliebigkeit, Ungenauigkeit, Gleichgültigkeit (da im Mündlichen oft die Zeit für ausführliche Bestimmungen fehlt)	„irgendjemand" (S. 109, 133) „irgendwie" (S. 43, 47, 86, 101) „irgendwelche" (S. 81, 112, 113) „irgendetwas" (S. 112) „irgendwo" (S. 103)
umständliche, wiederholende Darstellung	Ausdruck des allmählichen Ringens um Worte, Eingeständnis	„Der Nigel hat recht gehabt, denke ich, obwohl es mir einen Moment lang schwerfällt, das zuzugeben. Natürlich gebe ich das ja nicht zu, sondern denke es nur so im Stillen, aber es ist wirklich ein bisschen schwer, wenn jemand Recht hat, dem man dieses Rechthaben nicht mehr zusprechen mag." (S. 89 f.)
Ellipsen, elliptisches Sprechen	Weglassen der Redundanz; nur das inhaltlich Wichtige wird ausgesprochen, die übrigen grammatischen oder semantischen Bestandteile ergeben sich aus dem Kontext	„Sagt er." (S. 116) „nach verlorener Jugend und so" (S. 129)

SPRACHLICHES MITTEL	ERKLÄRUNG	BEISPIEL
Wiederholung des Adverbs „so"		„(...) man hat **so** das Gefühl, dass es noch lange hell sein wird, **so** ein Licht ist das. **So** ein Licht gibt es gar nicht in Norddeutschland." (S. 94)

Jugend- und Szenesprache

Gruppensprache

Das genaue Alter des Icherzählers wird zwar nicht genannt, doch dürfte es sich um einen jungen Menschen Anfang bis Mitte zwanzig handeln, denn die Abiturprüfung liegt bereits einige Zeit hinter ihm (vgl. S. 64 f.). Er bedient sich seiner Jugend- und Szenesprache und richtet sich durch diese Gruppensprache an ein mehr oder weniger gleichaltriges Gegenüber. Dadurch entsteht eine Verbundenheit und in gewisser Hinsicht auch Gleichgestelltheit des Erzählers mit dem impliziten Leser. Die Abgrenzung von spezifischer Jugendsprache zu Umgangssprache ist allerdings fließend.

Die Tabelle zeigt wichtige Merkmale der **Jugendsprache**, wie sie im Roman zu finden sind:

SPRACHLICHES MITTEL	ERKLÄRUNG	BEISPIEL
Übertreibungen	Verstärkung der Aussage, der Überzeugungskraft, Bekräftigung	„Milliarden von Büchern" (S. 35) „wahnsinnig unecht" (S. 43) „absolut widerlich" (S. 43) „tausendprozentig wahr" (S. 59) „unfassbar hässlichen" (S. 85) „verdammt teuer" (S. 89) „extrem fein" (S. 90) „wahnsinnig froh" (S. 90)

SPRACHLICHES MITTEL	ERKLÄRUNG	BEISPIEL
Jugendjargon	neue Wortbedeutung, Sicherung der Gruppenzusammengehörigkeit	„asig" (S. 35) = verlottert, verkommen (vermutlich von „asozial") „Schwuletten" (S. 141) = abwertend für Homosexuelle
Fäkalsprache	Abgrenzung von normierter Sprache, Ausdruck des Widerstandes gegen Erwachsene, Erziehung und Sitte	„wenn jetzt jemand auf der Toilette sitzt und pinkelt, dann fliegt die Pisse von unter dem Zug nach oben" (S. 25) „dass Ralph Lauren (...) im Grunde scheiße aussieht" (S. 95) „früher hätte ich so etwas ziemlich Scheiße gefunden" (S. 129)
wiederholter Gebrauch wertender Adjektive	Herausstellung eines eigenen Standpunktes, Abgrenzung von anderen	„das blöde Madeira" (S. 93) „dieser blöde Kurt Cobain" (S. 117) „so einen idiotischen Fernsehturm" (S. 96) „wahnsinnig froh" (S. 90) „weil das ziemlich peinlich wäre" (S. 112)

Rhetorische und stilistische Figuren

Zeichen für Kreativität und Bildung des Icherzählers

Ein weiteres Merkmal der sprachlichen Gestaltung ist der **Gebrauch rhetorischer und stilistischer Mittel**. Diese als elaboriert zu bezeichnende Sprachverwendung macht einerseits die Fiktionalität und stilistische Überhöhung des Romans deutlich. Andererseits fügt sie sich in die Charakteristik des Icherzählers, da er sich trotz des jugendlichen Jargons und seiner Naivität als relativ gebildet erweist.[18] Darüber hinaus zeigen seine fantasievollen Geschichten

---

18 Vgl. hierzu die Auflistung der Referenzen im Materialienteil (vgl. Kapitel 5).

und Tagträumereien seine kreative Begabung und seinen Sinn für Sprachverwendung. Diese wird sogar teilweise explizit reflektiert.[19] Durch diese Art der sprachlichen Gestaltung wird das Erzählte lebendiger und anschaulicher.

SPRACHLICHES MITTEL	ERKLÄRUNG	BEISPIEL
Zusammensetzungen (Komposita)	Verkürzung, Prägnanz	„Individualisten-Männer" (S. 90) „Model-Lächeln" (S. 135) „Model-Kellner" (S. 136) „Schwuletten-Blick" (S. 136) „Schwuletten-Stimmchen" (S. 135)
Wortneuschöpfungen (Neologismen)	Ausdruck der Kreativität und Individualität	„Proletensolidaritäts-Gründen" (S. 95) „Wagner-Nazigewitter" (S. 101) „Understatement-West-Mensch" (S. 110) „porschlochartig (S. 117)
Lautmalerei	Verdeutlichung des Akustischen	„schnapp, schnapp macht das" (S. 78) „Klack Klack macht das, weil ich ja unter meinen Schuhen so Metallteile habe." (S. 84) „Tsk Tsk Tsk, macht der" (S. 141)

19 Vgl. dazu die Ausführungen zur Kommunikation mit dem Leser in Kapitel 3.6.

SPRACHLICHES MITTEL	ERKLÄRUNG	BEISPIEL
Vergleiche	Veranschaulichung, Verweis auf ein bestimmtes charakteristisches Merkmal	„außerdem riecht er alt und verwest, so wie ein Buch, das zu lange im Regen auf dem Balkon lag und jetzt schimmelt" (S. 49) „Während er redet, reibt er sich die Hände und schabt mit den Fingernägeln über seine Handhaare, so, als ob er dort einen Ausschlag hätte." (S. 91)
Aufzählungen	Rhythmisierung	„sondern es ist geräumig und freundlich und hell" (S. 103)
Metaphern	Veranschaulichung, bildliche Sprache	„der erschlägt mich jedes Mal wieder" (S. 67) „Die rastet auch jedes Mal aus vor Freude, wenn ich mich wieder blicken lasse." (S. 130)
Naturmetaphorik	Kennzeichnung der Stimmung, Vorausdeutung	„Es liegt hinter den Dingen, hinter den Schatten, hinter den großen Bäumen, deren Zweige fast den See berühren, und es fliegt hinter den dunklen Vögeln des Himmels her." (S. 127)
Ironie	Kritik, Umkehrung des Gesagten ins Gegenteil	„ehrenwerter Gast seiner schönen Stadt" (S. 68)
Wiederholungen	Verstärkung, Ausdruck emotionaler Betroffenheit	„Ich fühle mich Scheiße. Mein Gott, fühle ich mich Scheiße." (S. 108)

Persönlicher Stil

Individuelle Auffälligkeiten

Darüber hinaus finden sich in der Sprache des Icherzählers Merkmale oder Auffälligkeiten, die seine **Persönlichkeit kennzeichnen**, wie folgende Tabelle zeigt:

SPRACHLICHES MITTEL	ERKLÄRUNG	BEISPIEL
Vielzahl der verwendeten Adjektive	Genauigkeit der Darstellung, häufig hinsichtlich äußerlicher oder bewertender Angaben	„So mit Cordoverall, hässlichen, dicken Turnschuhen, fettigen Haaren und Arbeiterkappe." (S. 74) „Varna war so billig, so vorhersehbar, so liberaldämlich" (S. 76)
genaue Angaben der Farben	Blick für modische Details, Aussehen, Farbnuancen	„In Hamburg sind alle Mädchen barbourgrün" (S. 81) „Er trägt einen prunefarbenen Mantel, der im Licht merkwürdig changiert." (S. 30)
aggressive Wortwahl	Ausdruck des emotionalen Zustandes (Wut, Einsamkeit, Trauer etc.)	„dass es einfach nicht möglich war, sich ihre blöden Ideen anzuhören, ohne auszurasten und sie zu treten oder ihr zumindest aufs Maul hauen zu wollen" (S. 76)
olfaktorische Vorstellungen (Gerüche) und andere Sinneswahrnehmungen	häufig mit Erinnerungen oder Farben verbunden	„es gelingt mir einfach nicht, weil ich diesen Geruch in die Nase kriege, den Geruch von Bohnerwachs. Bei diesem Geruch muss ich immer an meine erste große Liebe denken" (S. 33) „Es riecht nach dieser durchsichtigen orangefarbenen Seife, Pear's heißt die, glaube ich." (S. 132 f.)

Dingsymbole und Leitmotive

Die Barbourjacke

Ein wichtiger Gegenstand für den Erzähler ist die Barbourjacke. Dieses teure Kleidungsstück der britischen Modefirma Barbour, eine regendichte Wachsjacke, taucht immer wieder auf und wird genau dargestellt. So erfährt der Leser, dass sie das bevorzugte Kleidungsstück im Umfeld des Erzählers ist (vgl. S. 13, 81, 83), dass es sie in verschiedenen Farben gibt und welche Farbe der Erzähler bevorzugt (vgl. S. 13), dass er abgetragene Barbourjacken ablehnt (vgl. S. 14), ja sogar, dass sie ein Innenfutter hat (vgl. S. 68) und was sich alles in den Taschen seiner Jacke befindet bzw. wie viel sich in ihnen unterbringen lässt (vgl. S. 17, 52, 55). Die grüne Farbe seiner Jacke wird für den Erzähler zum Kennzeichen für eine ganze Stadt (Hamburg, vgl. S. 31) und einer bestimmten Menschengruppe (vgl. S. 30 f., 81 f., 127).

Im verunreinigten Zustand gefällt dem Erzähler seine Barbourjacke nicht mehr, und er verbrennt sie auf dem Flughafen. Dabei riecht sie „wie verbrannte Haare“ (S. 68), bekommt also etwas Animalisches. Überraschenderweise stielt er dann die „völlig verwarzte grüne Barbourjacke“ (S. 83) Alexanders, die noch dazu einen Fußball-Aufnäher hat. Die Jacke seines ehemaligen Freundes scheint jedoch für den Erzähler eine Art **Schutz** oder zweite Haut zu sein, denn sie ist „schön warm“ (S. 84), er hüllt sich in sie ein. Ohne sie fühlt er sich schutzlos und friert (vgl. S. 160). Durch das Abreißen des Aufnähers macht er sie endgültig zu seinem Eigentum (vgl. S. 95). Er trägt sie ständig, sie ist gleichsam ein Teil von ihm (vgl. S. 103). Nur flüchtig lässt er den Gedanken zu, dass die Jacke vermisst werden könnte.

Zweite Haut und Schutz

Die Jacke ist ein **Statussymbol**. Sie kennzeichnet die Zugehörigkeit zur Gruppe, der sich der Erzähler zuordnet, ist darüber hinaus aber gleichzeitig **Ersatz für individuelle Persönlichkeitsmerkmale**.

Statussymbol

Eine Jacke der britischen Firma Barbour, Modell Classic Beaufort © Barbour

Kultobjekt der „Generation Golf"

Viele Leser, die wie Kracht zur **„Generation Golf"** gehören, die also um 1970 geboren wurden und ihre Kindheit in den achtziger Jahren erlebten, rezipierten die Liebe des *Faserland*-Erzählers zu dem Objekt Barbourjacke positiv bzw. erkannten sich sogar in ihr wieder. Deutlich wird hier eine Identifikation mit der Gruppe der jungen Menschen, die Markenfetischismus und Konsumismus den moralischen und ethischen Werten der „68er"-Elterngeneration (wie z. B. politisches und gesellschaftliches Engagement) entgegensetzen.[20] Für den 1971 geborenen Journalisten **Florian Illies**, der den Begriff „Generation Golf" prägte, ist die Barbourjacke nicht nur eines der zentralen Motive von *Faserland*, sondern ein Kultobjekt seiner Generation:

> „Die Ernsthaftigkeit, mit der Kracht Markenprodukte einführte und als Fundamente des Lebens Anfang der 90er vor Augen führte, wirkte befreiend. Nicht nur ich, so durfte man endlich sagen, finde die Entscheidung zwischen einer grünen und einer blauen Barbourjacke schwieriger als die zwischen CDU und SPD. Es wirkte befreiend, dass man endlich den ganzen Bestand an Werten und Worten der 68er-Generation, den man als albern empfand, auch öffentlich albern nennen konnte. Dass ich das Buch von Kracht nur dadurch kennen lernte, dass ich meine Barbourjacke mit der einer blonden Heidelberger Kunstgeschichtsstudentin vertauscht hatte, nahm ich von Anfang an als gutes Zeichen. Als ich sie besuchte, um wieder an meine Jacke zu kommen, lag auf ihrem Nachttisch *Faserland* und sie sagte lapidar: ‚Das muss man lesen, wenn man Barbourjacken vertauscht.' Sie hatte wahnsinnig recht."[21]

---

20 So geht der Erzähler nur deshalb auf Demonstrationen, weil er die gewaltsamen Zusammenstöße mit der Polizei genießt (vgl. S. 31 f.).

21 Illies, *Generation Golf*, S. 154 f. Dass bei Illies über die pubertär anmutende Ablehnung der 68er-Generation hinaus keine tiefer gehende Reflexion und Selbstkritik erfolgt, erscheint allerdings als Rückschritt gegenüber Krachts Position. Dieser stellt im Zusammenhang mit dem Statussymbol Barbourjacke zumindest die Leere und Vereinzelung in der Konsumgesellschaft dar.

Mit dieser Lesart wird Illies allerdings dem kritischen Unterton des Romans nicht gerecht.

Sehen und gesehen werden

Eng verknüpft mit dem Dingsymbol Barbourjacke ist das Leitmotiv „Sehen“. Dabei geht es einerseits um den aktiven Vorgang, weitaus wichtiger aber ist der passive Zustand des Gesehenwerdens.

Beziehungslosigkeit der Figuren

Auffällig ist der **Blick des Icherzählers für Marken und Labels.**[22] So trinkt er z. B. nicht einfach Rotwein, sondern „vier kleine Flaschen Ilbesheimer Herrlich“ (S. 25). Der Blick auf die Etiketten lenkt von der Auseinandersetzung mit den Menschen und der Beziehung zu ihnen ab und vermittelt darüber hinaus die Illusion von Differenzierung und Individualität sowie von Kennerschaft. So trifft der Erzähler auf der Party in Hamburg Anne, „die gestern noch auf Sylt war“, und Jürgen Fischer, „der immer verdammt gut angezogen“ ist. Dennoch kommt es nicht zu einem Gespräch:

> „Ich kenne ihn nicht persönlich, nur so vom Sehen, aber die beiden **erkennen mich nicht**, oder sie **wollen mich nicht erkennen**, obwohl ich ja direkt vor ihnen stehe. Weil mir das peinlich ist, schenke ich mir ein Glas Prosecco ein und tue so, als ob ich mich für die Flasche interessieren würde, lese das Etikett, obwohl ja der Prosecco wirklich uninteressant ist und auch billig. Dann zünde ich mir eine Zigarette an (…)“ (alle S. 41[23]).

Obwohl der Erzähler genau auf sein Outfit achtet und stets um korrekte Kleidung bemüht ist, wird er ständig auch gerade von

---

22 Vgl. hierzu die Auflistung der Markennamen in Kapitel 5.
23 Hervorhebungen in diesem und den folgenden Beispielen nicht im Original.

jenen Menschen **nicht wahrgenommen**, die er als Freunde oder langjährige Bekannte bezeichnet (Hannah, Rollo, Matthias Horx, Alexander etc.):

> „Er [Alexander] **sieht mich nicht**. Er **sieht mich überhaupt nicht**, das muss man sich mal vorstellen. Er geht einfach an mir vorbei, obwohl ich direkt an der Bar auf dem blöden Barhocker sitze und ihn **anstarre**." (S. 83)
> „Er [Matthias Horx] **erkennt mich immer noch nicht**. Ich glaube, er **will mich nicht erkennen**." (S. 87)
> „Hannah **beachtet mich überhaupt nicht.**" (S. 119)

Absichtliches Ignorieren?

Offen bleibt dabei, ob diese Menschen ihn absichtlich oder nur versehentlich ignorieren. Für Rollo nimmt er jedenfalls an, dass „alle ihn gar nicht kennen wollen" (S. 145). Auf die fehlende oder ausbleibende Beachtung reagiert der Erzähler meist mit dem Gefühl der Peinlichkeit (vgl. S. 41). Interessant ist, dass ausgerechnet das hektische **Flattern mit den Augenlidern** (vgl. S. 120) bei anderen Menschen vom Erzähler als Zeichen für inneren Druck angesehen wird. Dennoch wird auch dieses Anzeichen ignoriert. Der Erzähler selbst entwirft Vorstellungen und innere Bilder, indem er „die Augen zusammenkneif(t)" (S. 122), oder aber er verdrängt negative Erinnerungsbilder z. B. von „Nigel mit der Nadel im Arm, mit den **leeren Augen**" (S. 131). Betäubung durch Drogen hilft dabei, Unangenehmes nicht sehen zu müssen („meine Augen drehen sich immer wie von selbst weg", S. 28).

Detailbesessen beobachtet der Erzähler Menschen in allen möglichen Lebenslagen und registriert aufmerksam, welche Kleidung sie tragen, entwickelt aber keine Beziehung zu ihnen. Das Gleiche gilt für die eigene Person. Während das Äußere, die Hülle, aufmerksam beobachtet wird (vgl. S. 77 f.), lässt er einen Blick auf

Vermeidet Blick in den Spiegel

sein nacktes Ich nicht zu: „Ich steige aus der Wanne (...) und versuche, dabei **nicht in den Spiegel zu sehen**" (S. 78). Bezeichnend ist die selektive Wahrnehmung des Ichs beim Blick in den Spiegel:

> „Ich ziehe das weiße Hemd an und binde mir die Krawatte um, sorgfältiger als sonst, mit einem Windsor-Knoten. / Ich ziehe den Knoten fest, mit beiden Händen, und sehe dabei in mein Gesicht im Spiegel. Ich sehe nicht wirklich hin, nur so an die Ränder. (...) Die Mitte von meinem Gesicht, die will ich gar nicht mehr sehen, nur noch die Umrisse. Das geht natürlich nur, wenn man dabei die **Augen zukneift**, dann wird es so, dass **die Mitte verschwindet**." (S. 133)

Auf diese Weise wird dem Leser eine Welt präsentiert,
→ die primär aus Markenlabels besteht,
→ die zwischen „richtiger" oder „falscher" Kleidung unterscheidet, mit entsprechenden Reaktionen auf die Träger derselben,
→ in der nur die (schöne) Oberfläche, der Schein zählt,
→ in der Identität und Individualität nur noch ersatzweise über Markenartikel simuliert wird,
→ in der der Mensch nur noch als Konsument am Ende einer Kette marktwirtschaftlicher Gesetze seinen Platz hat,
→ in der der individuelle Mensch mit seinen Charakteristika, seine Stärken und Schwächen nicht wahrgenommen wird,
→ in der der Blick auf das eigene Innere konsequent und angstvoll vermieden wird.

Dies führt zur Vereinzelung, Einsamkeit und Selbstzerstörung.

Zigarettenrauchen

Rauchen als Ersatzhandlung

Neben den spektakulären Darstellungen von illegalem Drogenkonsum wird auch der ständige Konsum legaler Drogen dargestellt. Außer Alkohol spielt vor allem das Rauchen für den Erzähler eine große Rolle. Ständig konstatiert der Erzähler, dass er raucht.[24] Rauchen gehört zu seinem selbstverständlichen Verhalten und wird nur ganz kurz, am Ende des Romans, als Suchtverhalten erkannt. Der flüchtige Vorsatz, das Rauchen aufzugeben, wird schon nach zehn Minuten wieder verworfen (vgl. S. 153). Rauchen ist für den Erzähler in verschiedener Hinsicht ein Ersatz (für Essen, Liebe, Aufmerksamkeit) und hilft, Unsicherheit und das Gefühl der Bedrohung zu überspielen: „Ich weiß nicht, wohin mit meinen Händen, also zünde ich mir eine Zigarette an." (S. 130, vgl. auch S. 108)

---

24 Vgl. z. B. S. 28, 36, 41, 42, 49, 52, 56, 60, 61, 65, 68, 77, 81, 94, 96, 98, 104.

3.7 Interpretationsansätze

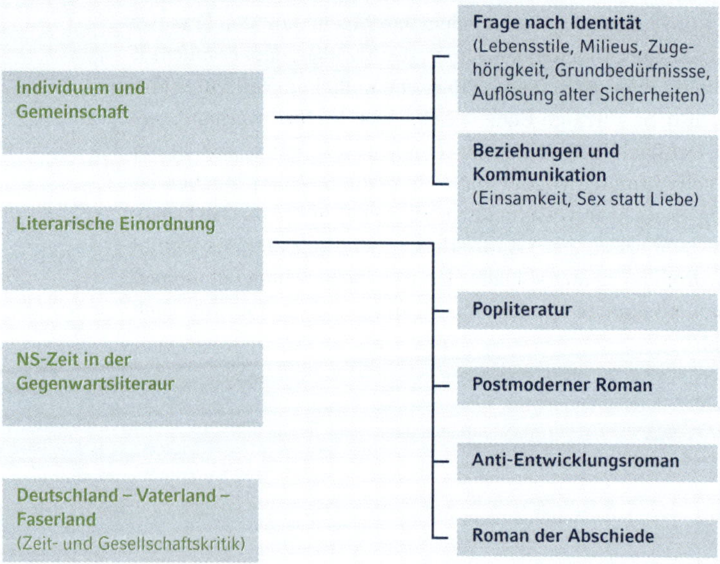

Individuum und Gemeinschaft

Die Frage nach der Identität

Ein wesentliches Thema des Romans ist die vergebliche Suche des Helden nach Identität sowie Selbstbestätigung und -verwirklichung. Der Erzähler leidet an dem für die Literatur des ausgehenden 20. Jahrhunderts typischen „**Widerspruch zwischen dem Kult der Individualität und der Sehnsucht nach Gemein-**

schaft"[25]. Typisch für die Gegenwart ist, dass die sozialen Klassen und Schichten, die einst für die Ausbildung von Identität zuständig waren, abgelöst wurden durch diffuse Milieus. Diese Milieus sind vorwiegend durch Lebensstile geprägt und weniger durch Einkommen, Macht, Werte oder Bildung. Christian Krachts Roman *Faserland* richtet sich ebenso wie andere Werke der Popliteratur primär an jüngere Leser mit einem gesteigerten Bedürfnis nach **Individualisierung** einerseits und der prägenden Erfahrung andererseits, in ihrem Alltagsleben beständig **zwischen verschiedenen, einander teils entgegengesetzten Milieus surfen zu müssen**. Diese Art von Literatur präsentiert die Lebensstile eines bestimmten Milieus, d. h., sie bildet hyperrealistisch deren „Bekleidungs-, Ernährungs- und Liebesrituale"[26] ab, wie es auch ein Ethnologe tun würde.

Durch Lebensstile geprägte Milieus

Später sieht sich der Einzelne der Forderung nach möglichst individuellem Kleidungs- und Lebensstil ausgesetzt. Zugleich aber soll er den Erwartungen der Gruppe entsprechen, erlebt also den Druck zur Anpassung. Paradoxerweise hängt die Wertschätzung der anderen davon ab, wie unangepasst und eigenwillig jemand ist oder sich gibt. Dieses Dilemma kann nur gelöst werden, indem man sich ins bunte Nebeneinander verschiedenster Gruppen, Grüppchen und sozialer Rollen begibt und dabei die Gruppen- und Identifikationsmerkmale derselben erkennt und ggfs. übernimmt. Die Identität eines Menschen bestimmt sich demnach durch die Art und Vielzahl der Rollen, die man im Laufe seiner Entwicklung zu übernehmen erlernt hat. Der Roman *Faserland* führt vor Augen, wie schwer es ist, bei der wachsenden Anzahl der Lebensentwürfe und Rollenmuster, unter denen der Einzelne in der immer komplexer werdenden Gesellschaft zu wählen hat, eine ganzheitliche Identität auszubilden.

Schwierige Ausbildung einer Identität

---

25 Jung, *Alles nur Pop?*, S. 145. Hervorhebung nicht im Original.
26 Bogdal, S. 22.

Sein ehemaliger Freund **Alexander** ist jemand, der dem Icherzähler vorlebt, wie diese Auswahl zwischen verschiedensten Rollen und Sinnangeboten zu einer Art Patchwork[27] aussehen kann, auch wenn ein solches Auswählen die Entwicklung einer kohärenten und für das Gegenüber fassbaren Persönlichkeit erschwert.[28] Für den Erzähler erscheint Alexander mal als mittelalterliche Persönlichkeit und mal als Besitzer einer Jacht, mal als Haschisch-Konsument und mal als proletenhafter Eintracht Frankfurt-Fan, mal als afghanischer Kämpfer und mal als Hippie in Indien. All diese Identitätsbestandteile sind nur vorübergehend existent, durch wechselnde Orte und Bekanntschaften geprägt und an Äußerlichkeiten wie Kleidung, Haltung oder Gegenständen erkennbar. Bestimmte Identitätssymbole auf der Oberfläche präsentieren Alexander jeweils als Mitglied einer bestimmten Gruppe. Dadurch ergibt sich für den Erzähler lediglich ein Bild „in Einzelteilen, da fügt sich nichts zusammen, es ergibt kein Ganzes" (S. 69). Er versteht Alexander ebenso wenig wie Nigel (vgl. S. 72) und reagiert auf die ausbleibende Kommunikation mit Trauer und Trotz. So fragmentarisch und widersprüchlich wie Alexander dem Erzähler erscheint, so wirkt freilich letztlich auch der Erzähler auf den Leser des Romans.

Bedeutung von Zugehörigkeit

Zu jemandem und einer bestimmten Gruppe zu gehören ist dennoch unabdingbar wichtig für den einzelnen Menschen. Das wiederum wird u. a. an **Varna** demonstriert, der Freundin Alexanders, die von Seiten des Erzählers für die Entfremdung der Freunde verantwortlich gemacht wird. Wegen ihres ungewöhnlichen Namens und der Herkunft („Zonen-Eltern", S. 75) wird Varna im

---

27 Vgl. dazu Keupp.

28 Vgl. S. 69: „Während wir durch Frankfurt fahren, versuche ich, mir Alexanders Gesicht vorzustellen, aber es gelingt mir nicht so richtig."

Westen ausgegrenzt und unternimmt fortan alles, um in einem bestimmten Milieu dazuzugehören und beliebt zu sein. Deshalb geht sie beispielsweise „auf Vernissagen und in Szenekneipen und so“ (S. 75) oder trägt ein akzeptiertes Outfit, spricht über gängige Themen. Auch **Rollo** sucht die Nähe zu Freunden. Er ist nach Meinung des Erzählers durch Elternhaus und Schule geschädigt (vgl. S. 127) und zum depressiven Einzelgänger geworden. Die Leute, mit denen er sich umgibt, „diese gut angezogenen, schönen Menschen, das sind ganz und gar nicht seine Freunde“ (S. 144). Die Reichen und Schönen, über die sich der Erzähler hier abfällig äußert, die Häuser oder Wohnungen in bestimmten Lagen haben und sich Champagner von Model-Kellnern servieren lassen, haben in der Darstellung des Romans kein Interesse an Beziehungen, in denen über Persönliches und nicht nur über Äußerlichkeiten kommuniziert wird.

Ignorierte Grundbedürfnisse

Aus Sicht der Psychologie allerdings ist das Bedürfnis nach Selbstverwirklichung anderen Bedürfnissen nachgeordnet. Elementar sind die Bedürfnisse nach Essen, Schlaf und Sicherheit, gefolgt von der Befriedigung des Verlangens nach Akzeptanz und Liebe. Wenn diese ersten Bedürfnisse erfüllt sind, „kann er [der Mensch] damit beginnen, durch eigene Aktivitäten und Leistungen Respekt und Anerkennung zu erlangen“[29]. Betrachtet man Krachts Icherzähler, muss man feststellen: Er verfügt zwar über immense finanzielle Mittel, ignoriert aber seine Grundbedürfnisse. So werden Hungergefühle durch Rauchen und Alkohol verdeckt. Er schläft an allen möglichen Orten erschöpft ein, auf der Zugtoilette, in der Badewanne, findet aber nirgends Ruhe und Erholung. Unsicherheit zeichnet sein Verhalten aus.[30] Auch Akzeptanz und

---

29 Mietzel, S. 330.

30 Vgl. hierzu die Ausführungen in Kapitel 3.4.

Liebe beim anderen Geschlecht findet er nicht: „Während wir vorbeigehen, Richtung Küche, sehe ich aus dem Augenwinkel, wie eins der Mädchen die Augen nach oben verdreht, und obwohl mir sowas normalerweise nichts ausmacht, bin ich doch etwas gekränkt.“ (S. 40)[31] Erfährt er doch einmal durch ein Mädchen eine Geste der Zuneigung, wird diese nicht als solche anerkannt: „(...) einerseits macht mir das Spaß, wie sie mir durch die Haare fährt, und andererseits ist das nur wie gespielt.“ (S. 43) Als auch die vermeintlichen Freunde der Reihe nach verloren gehen, bricht der Erzähler zusammen: „Ich habe das Gefühl, als würde ich innerlich vollkommen ausrasten, als ob ich völlig den Halt verliere. So, als ob es gar kein Zentrum mehr gäbe.“ (S. 109) Das abhanden gekommene Zentrum ist das fehlende Identitätsgefühl. In dieser Situation ist er auch nicht mehr in der Lage, anderen helfen zu können. Er ignoriert alle Warnzeichen, dass Rollo sich umbringen könnte, und flieht aus der ihm unangenehmen oder bedrohlichen Situation, lässt also den Freund ebenso im Stich wie die anderen Partygäste.

Fehlendes Identitätsgefühl

Florian Illies konstatiert: „Die große Toleranz unserer Generation hat zu einer völligen Auflösung von alten Sicherheiten und Codes geführt.“[32] Der Icherzähler und die ihn umgebenden Personen sind dieser Welt ohne Gewissheiten nicht gewachsen. Sie befinden sich in einem Teufelskreis, weil durch die Identifikation allein mit Markenartikeln und das Überbewerten von Äußerlichkeiten emotionale Stabilität und echtes Identitäts- und Selbstwertgefühl verloren gehen bzw. gar nicht erst entstehen können. Die Sinnsuche endet wieder bei der Oberfläche und führt nicht zum befriedigenden Ziel.

Auflösung alter Sicherheiten und Codes

---

31 Er ist ebenfalls nicht bereit, anderen Akzeptanz und Anerkennung auch unabhängig von ihrem äußeren Erscheinen entgegenzubringen (vgl. S. 134).

32 Illies, S. 186.

Zwischenmenschliche Beziehungen und Kommunikation

Für den Erzähler typisch ist seine **Einsamkeit**. Obwohl er ständig unter Menschen ist, hat er keinen, dem er sich anvertrauen kann und der ihm ein Freund ist. Sein Urteil über andere Menschen macht er von Äußerlichkeiten abhängig: „(...) es ist wirklich so wahnsinnig schwierig, ordentliche Menschen kennen zu lernen. Eugen hat ja ein gutes Jackett an, und er hat seinen Pullover um die Hüften gebunden, und er hat weiße Zähne." (S. 100) Damit ist die Enttäuschung vorprogrammiert. Der Erzähler hat wohl eine angemessene Vorstellung davon, was einen wirklichen Freund auszeichnet (vgl. S. 144 f.), kann diesen Anforderungen selbst aber, wenn es darauf ankommt, nicht gerecht werden. Die Leute, denen er an den verschiedenen Orten zum Teil wiederholt begegnet, spielen Rollen und weichen in Rituale aus. So reagiert der Erzähler auch mit Skepsis, wenn jemand ohne Grund „unheimlich freundlich" (S. 103) zu ihm ist – und dies mit Recht, wie sich später herausstellt. Niemanden zu kennen und von niemandem Bestätigung zu erfahren (vgl. S. 102 f.), ist aber schwer zu ertragen. Deshalb spielt auch der Erzähler nur seine Rollen, etwa beim **Flirten** auf einer Party (vgl. S. 104 f.). Dabei ist ihm diese Art der Kontaktaufnahme eigentlich peinlich. Aus diesem Grund spricht er auch abwertend und arrogant von seinen Flirtpartnerinnen. Nadja z. B. ist für ihn „nett, gerade weil sie auf eine erfrischende Art dumm ist." (S. 104 f.) Das prickelnde Flirt-Gefühl erinnert ihn gar an den Besuch eines Pissoirs (vgl. S. 82 f.). **Sexualität** wird ein „alltägliches Element der Beziehungen und nichts mehr, was mit großen Gefühlen verbunden ist"[33]. In dem Milieu, in dem sich der Erzähler bewegt, werden die verschiedensten Erscheinungsformen und Spielarten von sexuellen Beziehungen praktiziert (Homosexualität,

---

33 Kyora, S. 33.

Funktionalisierung der Sexualität

Heterosexualität mit wechselnden, z. T. im Alter stark differierenden Partnern, Gruppensex etc.); deutlich tritt dabei die **Funktionalisierung der Sexualität** für außeremotionale Zwecke hervor: Von *Liebes*beziehungen kann hier keine Rede mehr sein.

Kontaktunfähigkeit

Selbst spontane und zufällige Kontakte zu anderen Menschen kommen nicht zustande. Auf seiner Reise durch Deutschland findet der Erzähler immer neue Ausreden, warum er trotz eines inneren Bedürfnisses nicht mit seinen Mitmenschen (Taxifahrer, Hotelangestellte, Bedienstete, ältere Dame im Flugzeug, Zugbegleiter, Kneipenbesucher) kommuniziert, sondern schweigt, in der Ecke sitzt und beobachtet und sich lieber Gespräche und Erlebnisse anderer ausdenkt (vgl. z. B. S. 86, 91). Zwar konstatiert er bei seinem Freund Nigel, dass dieser „nicht kommunikationsfähig" sei, und vermutet, dass Nigel deshalb Partys mag, „weil das so rechtsfreie Räume sind, wo er funktionieren kann, ohne kommunizieren zu müssen." (S. 38) Diese Einsicht wendet der Erzähler jedoch nicht auf sich selbst an. Die Sprache des Erzählers spiegelt seine Unfähigkeit wider, seine Mitmenschen als Individuen zu erleben (beispielsweise durch die Verwendung der Indefinitpronomen, vgl. Kapitel 3.6).

Literarische Einordnung des Romans

Popliteratur

> „Popliteratur ist Literatur, die sich der Massen- und Alltagskultur öffnet und damit die Idee einer guten und wahren bürgerlichen Hochkultur in Frage stellt. Ihre Inhalte und Formen haben sich im Laufe der Zeit gewandelt, von einer Literatur gesellschaftlicher Außenseiter ist Popliteratur zu einem Etikett der Unterhaltungsindustrie geworden."[34]

---

34 Ernst, S. 9.

‚Pop' bezieht sich dabei

„Pop"

- → auf das Wort ‚populär', d. h. beliebt, in der Öffentlichkeit, von einer breiten Masse akzeptiert.
- → auf den Laut ‚pop' im Sinne von ‚Knall', ‚Zusammenstoß' und drückt damit eher Ausbruch, Widerstand aus.

Folgende **Merkmale von Popliteratur** sind auch in Krachts Roman *Faserland* zu finden:

- → Zitate aus Musiktiteln und Ausdruck von Emotionen durch Hinweise auf Musiktitel
- → Episoden der autobiografischen Erfahrung
- → Darstellung banaler Alltagserlebnisse
- → Orientierung von Sprachstil und Schreibweise an Umgangssprache, Vulgärsprache, Markenjargon, Pop-Musik
- → Verstöße gegen Political Correctness, Tabus und Normen der Elterngeneration
- → nonchalanter Umgang mit der Geschichte (z. B. NS-Vergangenheit)
- → pauschale Kritik an Erwachsenen
- → Oberflächenkult, Gegenwartskultur
- → Musik, Mode und Lifestyle im Zentrum, Anführung von Markennamen
- → Übernahme von Wahrnehmungsmustern aus Medien, v. a. Fernsehen (z. B. Realityshows, Soaps, Talkshows etc.), hinsichtlich der Kürze und Überschaubarkeit der Episoden, des Stils und unterhaltsamen Tons, des „Samplings" von Textteilen
- → Themen: Einsamkeit, Entfremdung, Sexualität, Liebesverlust, Gewalt, Musik, Szenelokale, Drogenkonsum, z. T. narrativ verknüpft mit Reisebeschreibungen
- → Icherzähler im Zentrum der Wahrnehmung (Subjektivismus)
- → an jüngere Leserschaft gerichtet

Für die Popliteratur der neunziger Jahre kommentiert Thomas Jung:

Kollektive Sozialisationserfahrungen

„Popliteratur nimmt die Themen der Populärkultur der Gegenwart, aber auch der jüngeren Geschichte der Populärkultur auf, so sie für Autor und Leser als gemeinsame bzw. kollektive Sozialisationserfahrung wahrnehmbar ist. Dabei standen zunächst Alltagserfahrungen und Lebensweisen von gesellschaftlichen Randgruppen in urbanen Ballungszentren, die nicht mit der etabliert bürgerlichen Gesellschaft konform gehen (wollen), im Mittelpunkt der literarisierten Reflexionen. In jüngerer Zeit verschiebt sich allerdings das Image des Textproduzenten vom sozialen Außenseiter hin zu einem gesellschaftlich angepassten, mediengerecht auftretenden Typus von Literaten, der in anderen sozialen Kontexten genauso gut als erfolgreicher, telegener Jungunternehmer, Rechtsanwalt oder Talkshowmaster auftreten könnte. / Den Autoren der neunziger Jahre geht es um den Versuch, die individuellen und gleichsam kollektiv- bzw. generationsbildend wirkenden Erfahrungsinhalte der Waren- und Medienwelt zu beschreiben. Dass sich die angestrebte Individualität nur mehr aus der Kollektivität des Produktbewusstseins und ihrer wirkungsvollen Vermarktung konstituiert, wird selten reflektiert.“[35]

Postmoderner Roman

In der zweiten Hälfte des 20. Jahrhunderts entsteht mit der Postmoderne eine Stilrichtung, die kritisch die **Trennung zwischen Unterhaltung und elitärer Kunst** in den Blick nimmt. Ihre Blütezeit in Deutschland sind die 80er und 90er Jahre. Postmo-

---

35 Jung, *Vom Pop international zur Tristesse Royal*, S. 40.

derne basiert auf den Erfahrungen der globalisierten Welt, der Konsumorientierung, der Wichtigkeit der Medien, des Sinn- und Realitätsverlustes und der Subjektivität der Perspektive. Sie lehnt das Innovationsstreben ab und spielt stattdessen mit Stilen und Genres. Alles verfügbare sprachliche und inhaltliche Material wird potenziell nutzbar. **Stilpluralität**, die Einbeziehung trivialer und aus der Massenkultur stammender Elemente, Doppel- und Mehrfachkodierungen und intertextuelle Referenzen werden zum Zeichen der Postmoderne. Die hier hervorgebrachte Literatur spielt mit dem Wissen des Lesers, spricht aber auf den unterschiedlichen Ebenen eine sehr verschiedenartige Leserschaft an.

Spiel mit Stilen und Genres

Postmoderne nimmt die Erfahrung auf, dass der Einzelne seinen Platz in der Welt nicht mehr findet, sondern auf der Suche nach Rollen und Lebensentwürfen durch die Welt irrt. Die Welt ist zu pluralistisch und unüberschaubar für den Einzelnen, sodass es nicht mehr möglich scheint, Realität zu erfassen und eine allgemein gültige Wahrheit darzustellen. In einer **Welt der Oberflächen und des Scheins** verlieren Zeichen ihren Bezug zum Bezeichneten. Diese Erkenntnis hat Auswirkungen auf die Beziehung zwischen Werk, Autor und Leser: Der Leser wird mit seinen Erfahrungen einbezogen und zum Ko-Autor, andere literarische Kunstwerke werden direkt oder indirekt integriert, Ironie und Subjektivität der Perspektive bestimmen das Werk.

Unüberschaubare Welt

Aufgrund folgender Merkmale kann der Roman *Faserland* der Postmoderne zugeordnet werden:

→ Beziehungslosigkeit der Figuren
→ Unfähigkeit zur Kommunikation
  - kein Zuhören (vgl. S. 14)
  - kein Interesse am Gesprächspartner (vgl. S. 15)
  - kein Gesprächsstoff (vgl. S. 18 f.)

- keiner hört auf den anderen, erwartet dies aber vom Gegenüber (vgl. S. 19, 23)
- Gespräche werden vermieden (vgl. S. 31)

→ Subjektivität der Perspektive
→ Helden auf vergeblicher Suche
→ undurchschaubare Wirklichkeit, Sinnverlust
→ intertextuelle Referenzen
→ Aufhebung der Trennung zwischen Hochkultur und Unterhaltungskultur

Anti-Entwicklungsroman

Definition Entwicklungsroman

Der Entwicklungsroman ist ein „Roman, der in sehr bewusster und sinnvoller Komposition und chronolog. Aufbau den inneren und äußeren Werdegang e. jungen Menschen von den Anfängen bis zu e. gewissen Reifung (oder, im negativen E., Deformation) der Persönlichkeit mit psychol. Folgerichtigkeit verfolgt und die Ausbildung vorhandener Anlagen in der dauernden Auseinandersetzung mit den Umwelteinflüssen in breitem kulturellen Rahmen darstellt."[36] Typisch ist die Subjektivität der Perspektive mit meist stark autobiografischem Charakter.

Auf den Kopf gestelltes Schema

Ein Blick auf klassische Entwicklungsromane wie Goethes *Wilhelm Meisters Lehrjahre* (1796) oder Gottfried Kellers *Der grüne Heinrich* (1854/55; 2. Fassung 1879/80) zeigt, dass Krachts Roman *Faserland* das Entwicklungsschema auf den Kopf stellt. Während sich im klassischen Entwicklungsroman der Held durch sein Streben und Irren hin zu einer gewissen Vollkommenheit entwickelt, wird bei Kracht eine Entwicklungsmöglichkeit negiert. In *Faserland* herrschen **Passivität und Stagnation**. Die Auseinandersetzung mit der Umwelt und der eigenen Person, mit Kultur und an-

---

36 Gero v. Wilpert: *Sachwörterbuch der Literatur*. Stuttgart: Kröner, 8. verb. u. erw. Aufl. 2001, S. 215.

deren möglichen Faktoren der Ausbildung und Entwicklung der Persönlichkeit wird vermieden (Ausnahme: deutsche Geschichte, NS-Vergangenheit). Der Roman beschreibt eher im Gegenteil Dekonstruktion, Zerstörung, den völligen Verlust und das sich Verlieren in einem „Faserland". Dies legt den Gedanken nahe, dass die Unmöglichkeit einer Entwicklung unter den gegebenen Umständen vermittelt werden soll.

Roman der Abschiede

Inhaltlich liest sich der Roman als ein Roman der Abschiede. Dieser erfolgt in verschiedener Hinsicht:

- → Abschied von der Jugend und der damit verbundenen Naivität
- → Abschied von Illusionen und Zielsetzungen
- → Abschied von Personen (Nigel, Alexander, Rollo)
- → Abschied von Deutschland

Die Verarbeitung der NS-Zeit in der Gegenwartsliteratur

Drei Phasen

Die Literaturkritik und -geschichte beschreibt drei Phasen der Verarbeitung des Nationalsozialismus und seiner Folgen.[37] Diese drei Phasen werden üblicherweise den **„Tätern" und Zeitgenossen** (Trümmer- und Nachkriegsliteratur), **deren Kindern** (sechziger Jahre) **und der Enkelgeneration** (neunziger Jahre) zugeordnet. Gerade in diesem letzten Zeitraum, dem ausgehenden 20. Jahrhundert und darüber hinaus, entwickeln sich, da die vorangehenden Autorengenerationen weiter produktiv sind, sehr verschiedene Formen des Umgangs mit der deutschen Vergangenheit nebeneinander.

---

37 Vgl. hierzu auch Magret Möckel: *Bernhard Schlink: Der Vorleser* (Königs Erläuterungen, Bd. 403) Hollfeld: Bange Verlag, 2011, Kap. 2.2.

1. Da ist einerseits **die Literatur der „verbrannten Kinder“**[38], wie Günter Grass sie 1999 in seiner Nobelvorlesung nennt. Gemeint ist die Generation derjenigen, die im Kindesalter noch selbst den Nationalsozialismus miterlebten und nun im Alter mit dem Abstand der Jahre und unter Einbeziehung der Gegenwart diese Zeit reflektieren und literarisch aufarbeiten. Hier entstehen Texte wie **Grass’ Novelle *Im Krebsgang*** (2002).
2. Da ist die **Literatur der um oder nach 1945 Geborenen**, die aus ihrer Perspektive noch einmal die Schuldfrage stellen und sich mit den Tätern auseinandersetzen. **Bernhard Schlinks Roman *Der Vorleser*** (1995) steht stellvertretend für diese Texte. In ihm begegnet der Protagonist Michael seiner früheren Geliebten als angeklagte KZ-Aufseherin wieder. Eine wichtige Erkenntnis des Romans ist, dass Schuld in der einen oder anderen Form unabdingbar zum Menschsein gehört.
3. Andere Autoren richten dagegen heute den **Blick** wieder verstärkt **auf die Opfer**. **W. G. Sebalds Prosawerk *Die Ausgewanderten*** (1992) behandelt beispielsweise das Schicksal von jüdischen Flüchtlingen und die fortdauernden Auswirkungen der Emigration auf Sprache und Lebensgefühl.

Ende der Nachkriegszeit

4. Mit Romanen wie **Marcel Beyers *Flughunde*** (1996) erscheinen in den neunziger Jahren Texte zur NS-Zeit von einer **Generation von Autoren, die** – Mitte der sechziger Jahre und später geboren – **diese Zeit nicht aus eigener Anschauung kennen**. Sie sind auch nicht an einer dokumentarischen Aufarbeitung dieser Zeit interessiert. Mit ihren Texten markieren sie das Ende der Nachkriegszeit. In *Flughunde* ist die Ich-Figur,

---

38 Vgl. http://nobelprize.org/nobel_prizes/literature/laureates/1999/lecture-g.html [Stand: März 2011].

der Akustiker Hermann Karnau, der „spezifischen historischen Bedingungen“[39] enthoben, die sein akustisches Interesse kennzeichnen; die Zeit wird primär von ihrer ästhetischen Faszination für nachgeborene Generationen her begriffen.

5. Romane wie ***Vaterspiel*** (2000) von **Josef Haslinger** oder ***Vienna*** (2005) von **Eva Menasse** gehen dagegen den Abgründen im Privaten, den **Verschlingungen von Familien- und Nachkriegsgeschichte** nach. Hier werden die Auseinandersetzung mit der Familie bzw. der Verlust von Familienbindung und die Erfahrung von Antisemitismus auf dem Hintergrund der Geschichte und ihrer Konsequenzen für die nachfolgenden Generationen beschrieben.
6. In vielen Texten **jüngerer Autoren fehlt den Protagonisten jene persönliche Motivation der Auseinandersetzung mit der NS-Ära**, wie sie so unterschiedliche Autoren wie Grass, Schlink oder Sebald verbindet. Allerdings begegnen sie in der Gegenwart ungewollt Spuren der NS-Zeit und werden in Umstände verwickelt, die mit der Vergangenheit verknüpft sind. **Thomas Hettches Roman *Woraus wir gemacht sind*** (2006), **Iris Hanikas Roman *Das Eigentliche*** (2010) sind hier zu nennen oder eben auch **Krachts *Faserland*.**

Fehlen persönlicher Motivation

Popliteratur zeichnet sich allgemein durch eine indifferente Haltung zur Geschichte aus. Die Helden leben unmittelbar in ihrer Gegenwart und resümieren oder reflektieren in der Regel lediglich den Teil der jüngeren deutschen Geschichte, der ihnen persönlich aus Kindheitstagen vertraut ist. Exakte Kenntnisse und ein Bemühen um differenzierte Auseinandersetzung mit dem Nationalsozialismus sind in Werken der Popliteratur in der Regel nicht zu finden.

Indifferente Haltung zur Geschichte

---

39 Braese, S. 104.

Auch der Icherzähler in ***Faserland*** lebt überwiegend im Hier und Jetzt. Dennoch – und das hebt Krachts Roman von anderen Werken der Popliteratur ab – ist Geschichte entweder in ihren Auswirkungen oder als reales Überbleibsel beständig präsent oder aber sie regt die Fantasie des Erzählers an. Dunkel erinnert er sich, wie er als kleiner Junge im Urlaub auf Sylt „in den letzten deutschen Bunkern" (S. 18) gespielt hat. Dazu fallen ihm Anekdoten ein, die er irgendwo gehört oder gelesen hat, über „den dicken Göring (...), wie der beim Pinkeln in den Dünen seinen blöden Dolch verloren hat" (S. 18). Genauso nimmt er das heutige Stadtbild von Hamburg oder Heidelberg vor dem Hintergrund der Zerstörungen im Zweiten Weltkrieg durch den Luftkrieg wahr (vgl. S. 31, 88). Älteren Personen, die ihm begegnen, dichtet er eine Vergangenheit in der NS-Zeit an, glaubt in ihnen den ehemaligen Soldaten oder KZ-Aufseher zu erkennen (vgl. S. 91, 97). Seine Vorurteile machen aus älteren Deutschen „komplette Nazis" (S. 96), und der Taxifahrer ist „natürlich ein ziemlicher Faschist, (...) ein armes dummes Nazischwein" (S. 39). Politisch unkorrekt wird ein vermeintlicher „Betriebsratsvorsitzender" als „SPD-Nazi" (S. 55) beschimpft. Sobald (auch berechtigte) Kritik am eigenen Verhalten erfolgt, etwa dass der Icherzähler in der Nichtraucherzone raucht, wird das Gegenüber als Faschist diffamiert (vgl. S. 60). Das diffuse Unbehagen des Erzählers an Deutschland und seinen Menschen wird pauschal und plakativ begründet mit der unbewältigten Nazivergangenheit (vgl. S. 72). Er entwickelt eine romantische Sehnsucht nach einem Land, das nicht „hässlich und grau" (S. 88) ist, sondern warm, weltoffen, frühlingshaft. Wie ungeschichtlich diese Sehnsucht angesetzt ist, zeigt die Manifestierung dieser Sehnsucht am Beispiel des Heidelberger Bahnhofs aus den fünfziger Jahren und an dem Wort „Neckarauen", das assoziativ das Gegenbild zu dem vom Erzähler erlebten Deutschland heraufbeschwört: „Neckarauen. Das

„Dummes Nazischwein"

macht einen ganz kirre im Kopf, das Wort. So könnte Deutschland sein, wenn es keinen Krieg gegeben hätte und wenn die Juden nicht vergast worden wären. Dann wäre Deutschland wie das Wort Neckarauen." (S. 88)

Deutschland – Vaterland – Faserland

Trotz aller Oberflächlichkeit und Arroganz, die der Erzähler an den Tag legt, wäre es falsch, ihm jede Berechtigung zur Kritik abzusprechen. Die Reise von Nord nach Süd führt vorwiegend zu öffentlichen Orten (Bahnhöfen, Kneipen, Hotels, Discos, Flughäfen, Autobahnen), und der Erzähler beobachtet teilweise sehr genau. Im Laufe seiner Reise werden eine Vielzahl von Missständen und Problemen wahrgenommen. Der Roman kritisiert unverhohlen das Deutschland der achtziger und neunziger Jahre.

Zeitkritik

Dies bezieht sich unter anderem auf die Art, wie es sich nach außen präsentiert. Der Frankfurter Flughafen wird als Aushängeschild für den „Industriestandort Deutschland" gesehen, in dem den ankommenden Geschäftsleuten einiges „vorgegaukelt" wird, „so eine große Welt, die im Innersten von Mannesmann und Brown Boveri und Siemens zusammengehalten wird, weil ja überall diese hintergrundbeleuchteten Reklameschilder hängen" (S. 67). Bei genauerem Hinsehen entpuppt sich dieser großartige Standort aber für den Erzähler als provinziell und kleinkariert. Dass er ausgerechnet an diesem Platz seine Barbourjacke verbrennt, auf die er dann aber doch nicht verzichten kann, hat symbolischen Gehalt.

Am Beispiel verfehlter Politik und Bauplanung („Draußen rauscht Frankfurt vorbei. Die Hochhäuser und der Messeturm, wo ja niemand drinnen ist, weil niemand die Mieten bezahlen kann", S. 72), der Kritik am Kunstbetrieb (vgl. S. 74) und der Dekadenz des Westteils gegenüber den neuen Bundesländern (vgl. S. 110), der Darstellung der inneren Leere der Konsumgesellschaft und

Negative Seiten Deutschlands

der Reichen (vgl. S. 126) und Sprachkritik („Abkürzungswahn", S. 37) konstatiert der Erzähler negative Seiten Deutschlands und der Deutschen.

Durch die Augen des Erzählers begegnet dem Leser eine bunte Mischung von Vertretern der Gegenwart: der Austern schlürfende „Understatement-West-Mensch" (S. 110), „Hippies in bestickten Lammfellwestchen" (S. 112 f.), Trendforscher (vgl. S. 86), Models (vgl. S. 42, 135), homosexuelle Verbindungsstudenten (vgl. S. 105), Drogenabhängige (vgl. S. 108 f.), Alkohol- und Tablettensüchtige (vgl. S. 144); Reiche, die bei indischen Gurus Lebenssinn suchen (vgl. S. 126 f.), den „Kellnern (...), den Studenten, den Taxifahrern, den Nazis, den Rentnern, den Schwulen, den Bausparvertrags-Abschließern, (...) den Werbern, den DJs, den Ecstasy-Dealern, den Obdachlosen, den Fußballspielern und den Rechtsanwälten" (S. 158 f.) und vielen mehr.

Welt der Gegensätze und Brüche

Der Erzähler findet sich nicht zurecht und leidet in einer Welt der Gegensätze und Brüche. Er rechnet mit der ehemals so kritischen 68er-Generation ab, die ihre hehren Ziele und Ideale inzwischen gegen die Reihenhausidylle und einen Mittelklassewagen eingetauscht hat. Er entwickelt einen „Hass gegen das Land, in dem alle diese Menschen nebeneinander herleben – Deutschland, Vaterland, Faserland"[40]. Die Sehnsucht nach einem festen „Platz in der Welt" (S. 143), nach „Stillsein" (S. 143), nach Geborgenheit (vgl. S. 157 f.) wird übergroß. An die Stelle des oberflächlichen Geschwätzes tritt zumindest momentweise der Wunsch nach Erhabenheit (vgl. S. 57) und Einfachheit. Bezeichnenderweise endet die Reise außerhalb Deutschlands auf der Suche nach dem Grab Thomas Manns, allein in der Stille der Natur auf dem Zürichsee. Doch obwohl der emotionale Zustand des Erzählers zu körperli-

---

40 Hüetlin.

chen Reaktionen wie Zittern, unkontrolliertem Weinen (vgl. S. 52), Erbrechen und Ohnmacht führt, verharrt er in seiner Passivität. Er flüchtet in Kommerz, in Rausch und Wegsehen, denn er will sich „nicht anstrengen müssen, auf gar keinen Fall" (S. 142). Nur in seinen Träumen gibt es eine Welt, in der er seinen Platz und seine Identität gefunden hat, in der Deutschland, die „große Maschine, die sich selbst baut" (S. 158), unwichtig geworden ist.

Mit diesen Ansätzen liefert *Faserland* Anregungen für die kritische Betrachtung des eigenen Verhaltens und der Gesellschaft, in der man lebt. In diesem Sinne kann man mit Moritz Baßler „nur ‚frei von Hochmut' (Adorno) nachdrücklich für die Wahrnehmung der Komplexität plädieren, die der Popkultur und ihren Erzeugnissen eigen ist. Es ist die Komplexität unserer Welt, und sie bedeutet eine methodische Herausforderung für soziologische und philologische Ansätze gleichermaßen."[41]

Zeitbezug

Der Zeitbezug wird in *Faserland* u. a. durch die folgenden konkreten Hinweise hergestellt:

- → politische Ereignisse, Hausbesetzung in der Hamburger Hafenstraße (vgl. S. 39), Bedrohung von Touristen (vgl. S. 124 f.)
- → Mode: Hotpants, abgeschnittene Jeans über Strumpfhosen, Bustiers (vgl. S. 40); Künstler mit Cordoverall, Turnschuhen und Arbeiterkappe (vgl. S. 74); Kleidung des Taxifahrers (vgl. S. 38) u. a.
- → Medien und Fernsehen: Zeitschriften wie *Tempo*, *Wiener*; Sender wie RTL, TV-Serien wie *Timm Thaler* (vgl. S. 41, 46, 92)
- → Musikrichtungen wie Techno oder Acid-Jazz (vgl. S. 38)
- → Partydrogen (vgl. S. 43 ff.)
- → sexuelle Freizügigkeit, Normen (vgl. S. 51 f., 105)

---

41 Baßler, *Das Zeitalter der neuen Literatur*, S. 198.

- → Werbung (vgl. S. 53)
- → Gesprächsthemen: Grüne, Umweltschutz etc. (vgl. S. 76)
- → Prominente wie der Trendforscher Matthias Horx (vgl. S. 86) oder der Schriftsteller Maxim Biller (vgl. S. 118)
- → Stadtbild: Pizza Hut, Sportartikelläden, Fußgängerzone (vgl. S. 88)
- → BAföG (vgl. S. 89)
- → Erlebnishotels (vgl. S. 90)
- → Teenagerzeitschrift *Bravo* (vgl. S. 92)
- → Techno-Szene (vgl. S. 111 f.)

4. REZEPTIONSGESCHICHTE

Generation Golf

Florian Illies, Journalist und Buchautor, feierte in seinem Buch *Generation Golf* (2000) Krachts Roman als **Ausdruck seiner Generation**:

„Der Snobismus unserer Generation wurde aber relativ lange unter den Teppich gekehrt, wahrscheinlich auch, weil es an Identifikationsfiguren fehlte. Ende der achtziger Jahre erschien in Amerika der Roman *American Psycho* von Bret Easton Ellis, der uns weniger wegen der blutrünstigen Gewaltfantasien interessierte als wegen der Dokumentation des Markenfetischismus unserer Generation. Jede Socke einer handelnden Person wurde einer bestimmten Firma zugewiesen und seltsames Verhalten sofort auf die unpassende Krawatte zurückgeführt. Damals war es aber noch nicht so weit wie 1999, als Harald Schmidt im Wiener Burgtheater Auszüge aus Bret Easton Ellis vorlas – hätte er es damals gemacht, hätte man das noch in hundert Jahren als Gründungsveranstaltung unserer Generation feiern können. Weil es aber eben noch zehn Jahre dauern sollte, kam glücklicherweise vorher Christian Kracht. / Im Jahre 1995 erschien sein Roman *Faserland*. Zum einen war das ein wunderbares Buch, in dem Kracht Bret Easton Ellis' Markenkompendium kongenial auf die deutsche Produktwelt übertrug. Zum anderen aber las man hier erstmals von einem Sohn aus sehr gutem Haus und von seinen dekadenten Reisen zwischen Sylt und dem Bodensee, man erfuhr, dass ihm das Kindermädchen früher die Krüstchen vom Brot abgeschnitten hatte und dass er Taxi fuhr, sooft es ihm Spaß machte. Dass man in Bars ging, um einen Drink zu nehmen. Eines der zentralen Motive des Buches war zudem eine Barbourjacke, und die Ernsthaftigkeit, mit der

Kracht Markenprodukte einführte und als Fundament des Lebens Anfang der neunziger Jahre vor Augen führte, wirkte befreiend. (…) Kracht und Stuckrad-Barre bekannten sich in einer Anzeigenkampagne für Peek und Cloppenburg auch als konsequente Anzugträger. (…) Dankbar war man auch, als Kracht und Stuckrad-Barre als erste Generation zugaben, eine Putzfrau zu haben. Da ging ein Ruck durchs junge Deutschland."[42]

Faserland als Wendepunkt

Moritz Baßler beurteilt in seinem Resümee über die Popliteratur der 90er Jahre den Roman als **Wendepunkt**:

„In der Tat markiert das Erscheinen von Krachts Debüt *Faserland* (1995) die Wende in der hier skizzierten Geschichte des Verhältnisses von Literatur und Pop in Deutschland. Wie Easton Ellis legt Kracht seinen Icherzähler als sprachlich und menschlich defizitäre Figur an, als reichen Schnösel, der gelangweilt bis angeekelt durch die Marken- und Partykultur Westdeutschlands taumelt. Dennoch verdankt sich die unmittelbare Initialwirkung des Romans merkwürdigerweise einer weitgehend ungebrochenen (also unter hermeneutischen Gesichtspunkten: falschen) Lektüre. *Faserland* spaltete sofort bei Erscheinen die literarische Szene: Befreiend wirkte auf die einen ‚die Ernsthaftigkeit, mit der Kracht Markenprodukte' – vor allem die Barbourjacke – ‚einführte und als Fundamente des Lebens Anfang der neunziger Jahre vor Augen führte' (Illies), andere, wie Matthias Politycki, stellten angesichts der wenig verdichteten Rede des Icherzählers die Frage, ‚was ein vollgeschwalltes Stück Papier von einem literarischen Text unterscheide'. Den von diesem Roman gemeinsam mit Nick Hornbys *High Fidelity*

---

42 Illies, *Generation Golf*, S. 153–156.

(ebenfalls 1995) ausgelösten Boom der Popliteratur hatte jedenfalls niemand vorhergesehen."[43]

Zeitgenössisches Werther-Erlebnis

Reinhard Wilczek empfiehlt den Roman als Beispiel zeitgenössischer und moderner **Literatur für den Deutschunterricht:**

„Christian Krachts 1995 veröffentlichter Roman *Faserland* könnte das Werther-Erlebnis dieser Generation sein. Der Prosatext schildert die Irrfahrt eines reichen jungen Mannes, der in einer grünen Barbourjacke und im Zustand zunehmender Betrunkenheit vom äußersten Norden Deutschlands bis zum Bodensee reist; zwischendrin macht der Wohlstandsflüchtling Zwischenstation in teueren Nobelherbergen, Szenekneipen und -diskotheken und besucht seine nicht minder haltlosen Freunde; ein Getriebener, der etwas sucht, aber nicht erkennt, dass es jenseits von Reichtum, Luxus und Schönheit Werte gibt, die man nicht für Geld kaufen kann: Liebe, Geborgenheit und Fürsorge. Die Reflexionen des klassischen Werthers über Literatur, Liebe und Natur werden bei Kracht aufgelöst in Mode- und Konsumdiskurse, Beschreibungen von Orgien und Erörterungen über die Vor- und Nachteile verschiedener Markenartikel. Den Endpunkt dieser seltsamen Reise, die mehr an eine Flucht erinnert, bildet eine einsame Kahnfahrt auf dem Bodensee[44], die der Protagonist am Ende seiner Fahrt unternimmt. Das Thema des Suizids wird zwar vom Erzähler angedeutet, aber nicht zu Ende gedacht."[45]

---

43 Baßler, *Das Zeitalter der neuen Literatur*, S. 193.

44 Wilczek irrt sich, da sich der Icherzähler im Schlusskapitel in Kilchberg befindet, kann es sich bei dem See nur um den Zürichsee handeln.

45 Wilczek, S. 217.

Mehr als nur Popliteratur

Adam Soboczynski ist bemüht, den Schriftsteller Christian Kracht aus der Ecke der Popliteratur zu holen und ihn als ernst zu nehmenden Autor zu etablieren:

„Nichts ist abwegiger als die Behauptung, Christian Kracht schreibe Popliteratur. Was soll das überhaupt sein? Nur weil in *Faserland*, seinem ersten Roman, ein paar Markennamen auftauchten? Das wurde gehasst. Weil die Oberfläche, die er erblickte, in der späten Moderne houellebechaft[46] nackt und kalt war und er bei einer Werbekampagne mitmachte, die keine Kampagne für Bücher war. Ein letztes Mal bäumte sich jenes Establishment auf, das Moral mit Kunst vermengte zur Langeweile und zur Humorlosigkeit, die mit Ernsthaftigkeit verwechselt werden will."[47]

---

46 Gemeint ist der französische Skandal-Autor Michel Houellebecq, der mit Romanen wie *Ausweitung der Kampfzone* (dt. 2000) oder *Elementarteilchen* (dt. 2001) zumindest im weiteren Sinn zur Popliteratur zu zählen ist.

47 Adam Soboczynski. *Der Schreibtisch von Christian Kracht in Buenos Aires*. DIE ZEIT LITERATUR Nr. 49 – Nov. 2009, S. 54.

5. MATERIALIEN

Auswahlliste von im Roman genannten Marken/Namen

Markennamen

Jever	S. 13
S-Klasse-Mercedes	S. 14
Ralph-Lauren-Hemden	S. 18
Cartier-Uhren	S. 21
Hermes-Halstuch	S. 22
Ilbesheimer Herrlich (Wein) Meggle-Butter	S. 25
Kiton-Jackett	S. 26
Doc Martens (Schuhe)	S. 31
Esso Ariel Ultra Milka	S. 32
Fair-Isle-Pullover	S. 36
Hanuta	S. 37
Mephisto-Schuhe	S. 38
Overstolz	S. 39
Prosecco	S. 41
Baseballkappe von Stüssy	S. 42
Ballisto	S. 55
Ehrmann-Joghurt	S. 56
Cartier-Uhr	S. 58
Werber-Brille	S. 64
Notizblock von Tiffany Swatch-Uhren	S. 66
S-Klasse-Mercedes	S. 68
Grünofant Berry	S. 79
Christinen-Brunnen Spa, Ramlösa (Mineral-wasser)	S. 85
Armani-Sakkos Chianti	S. 86
Pizza Hut	S. 88
Ado-Gardinen	S. 94
Brooks Brothers, Ralph Lauren (Hemden)	S. 95
Fiat Uno Doc Martens (Schuhe)	S. 124
Jack Daniel´s (Whiskey)	S. 125
Earl Grey (Tee)	S. 126
Lindt-Schokoladenfabrik	S. 160

Musik

Lipps Inc. Chic	S. 38
Pet Shop Boys	S. 41 f.
Jona Lewie	S. 45
Angelo Badalamenti	S. 46
Modern Talking	S. 70
Fehlfarben	S. 71
Public Enemy	S. 75
Rod Stewart	S. 78
Bob Marley	S. 89
Smokie Robby Müller (Teens)	S. 92
Astrud Gilberto	S. 109
Andreas Vollenweider	S. 115
Kurt Cobain	S. 117
Ton Steine Scherben The Clash	S. 125
Barclay James Harvest Moody Blues	S. 129

Filme

Rio Bravo	S. 40
Twin Peaks (Serie)	S. 47
Der Exorzist	S. 48
Triumph des Willens *Panzerkreuzer Potemkin* *Der Himmel über Berlin*	S. 63
Der Name der Rose	S. 69
Timm Thaler (Serie)	S. 92
Stalingrad	S. 100

Gottfried Benn: *Reisen* (1950)

Gottfried Benn (1886–1956) war Arzt und gilt als einer der größten deutschen Lyriker. In der Zeit des Expressionismus hat er bewusst mit den Konventionen des schönen Scheins in der Lyrik gebrochen, indem er einen nüchternen, sozialkritischen und provozierenden Ton anschlug und medizinischen Fachjargon in seine Gedichte einfließen ließ. Die während der NS-Zeit entstandenen *Statischen Gedichte* nehmen den Gedanken der Entwicklung (Statik = „Entwicklungsfremdheit") in den Blick. Im Spätwerk beschäftigte sich Benn als Realist mit Erfahrungen und Bewusstseinszuständen von Menschen, die in Großstädten leben. In *Nur noch flüchtig alles* (1951) heißt es: „Nur noch flüchtig alles / Neuralgien morgens, / Halluzinationen abends / angelehnt an Trunk und Zigaretten". Das Gedicht *Reisen* enthält übereinstimmend mit dem Roman *Faserland* die Aussage, dass Reisen nicht zur Selbstfindung und inneren Erfüllung führen kann, wenn Äußerlichkeiten und Flucht vor sich selbst das Unterwegssein motivieren.

Reisen kein Weg zur Selbstfindung

Reisen

Meinen Sie, Zürich zum Beispiel
sei eine tiefere Stadt,
wo man Wunder und Weihen
immer als Inhalt hat?

Meinen Sie, aus Habana,
weiß und hibiskusrot,
bräche ein ewiges Manna
für Ihre Wüstennot?

Bahnhofstraßen und Rueen,
Boulevards, Lidos, Laan –
selbst auf den Fifth Avenuen
fällt Sie die Leere an –

Ach, vergeblich das Fahren!
Spät erst erfahren Sie sich:
bleiben und stille bewahren
das sich umgrenzende Ich.[48]

Florian Illies: Die *Generation Golf* und Auschwitz

Erklärung für einseitigen Erzählerblick

Der Icherzähler von Krachts Roman zeigt bei seiner Reise durch Deutschland eine auffällige Fixierung auf die NS-Zeit. Auf den ersten Blick steht dies im Gegensatz zu dem Umstand, dass der jüngeren Generation und zumal den Autoren der Popliteratur häufig ein Desinteresse an Politik und der deutschen Vergangenheit vorgeworfen wird. Ein provokantes Zitat aus Florian Illies' *Generation Golf* bietet eine mögliche Erklärung für den einseitigen Blick des Erzählers:

„Das Verhältnis unserer Generation zur Geschichte allgemein und zum Holocaust ist dermaßen romanherzoghaft unverkrampft, dass Kritiker dahinter Geschichtsvergessenheit vermuten, Ignoranz und Schlimmeres. Doch es ist eben das Problem der Generation der Gemeinschaftskundelehrer, dass sie bereits in der leidenschaftslosen Haltung, die die Generation Golf zur Geschichte einnimmt, Gefahren wittern, weil sie die Aufarbeitung der Vergangenheit noch mit so viel Leidenschaft gegen das Schweigen und den Widerstand

48 Benn, S. 307.

ihrer Eltern durchsetzen mussten. (...) In dieser Kritik übersehen die Kritiker jedoch, dass wir das Thema Nationalsozialismus zwischen dem dritten und dreizehnten Schuljahr mindestens achtmal auf dem Lehrplan stehen hatten. (...) Wir haben also bei Geschichte immer die Schattenseite gleich mitgedacht, haben Weimar immer von besorgten Lehrern in einem Atemzug als Stadt der Dichter und Denker und als Stadt der Richter und Henker kennen gelernt. Das Wissen um die Grauen des Nationalsozialismus ist mit solchem Nachdruck in das Hirn eines jeden Mitgliedes der Generation Golf implantiert worden, dass wir bis heute eher die acht Gründe aufzählen können, die zum Ende der Weimarer Republik führten, als die Zehn Gebote."[49]

Dagmar Leupold: *Deutschland, 1992*

Der Zuckerguss der fetten Jahre
schmilzt, und wir
Schleckermäuler
protestieren gegen
den Entzug.

Ein wenig Poesie
gehört zum ärmsten Leben:
die lässt sich nicht teilen,
sonst wird sie Prosa.

Das müsst ihr doch einsehen.
(Und schließlich sind
unsere Zungen das Naschen gewöhnt.)

---

49 Illies, S. 174 f.

Ein neues
Hungergefühl
ruft nach
alten Märchen.

Sattsam bekannt.

Nähe
aus der Nähe
macht Mühe.

Und der misslungene Widerstand
braucht wieder
Märchen
zum Trost.[50]

---

50 Leupold, S. 30 f.

6. PRÜFUNGSAUFGABEN MIT MUSTERLÖSUNGEN

Unter www.königserläuterungen.de/download finden Sie im Internet zwei weitere Aufgaben mit Musterlösungen.

Die Zahl der Sternchen bezeichnet das Anforderungsniveau der jeweiligen Aufgabe.

Aufgabe 1 ***

1. Analysieren Sie das Gedicht *Deutschland, 1992* von Dagmar Leupold unter besonderer Berücksichtigung des Deutschlandbildes, das hier präsentiert wird.
2. Vergleichen Sie dieses Bild mit der im Roman *Faserland* aufscheinenden Einstellung zu Deutschland als Vaterland.

Mögliche Lösung in knapper Fassung:

Zu 1.

GEDICHTANALYSE

Form: 7 Strophen mit sehr unterschiedlicher Länge (1–5 Zeilen), z. T. nur mit einem Wort; keine sekundären Merkmale von Lyrik wie Reim, Rhythmus (lediglich ein unreiner Reim: „Nähe" – „Mühe"), keine Großschreibung der Zeilenanfänge etc.; syntaktisch abgeschlossene Einheiten pro Strophe, aber häufig elliptisch; sehr viele Zeilensprünge; lyrisches Ich ist hier Kollektiv („wir", „unsere"), Adressat: „ihr"; poetischer Sprachgebrauch, Metaphorik (z. B. „Zuckerguss der fetten Jahre", Z. 1)

Inhalt: Der Titel des Gedichts legt nahe, dass eine Zustandsbeschreibung Deutschlands am Beginn der 90er Jahre aus der

Sicht einer jüngeren Generation gegeben werden soll. Diese als Kollektiv auftretende Gruppe ist daran zu erkennen, dass sie in den Jahren des Wohlstands („fetten Jahren", Z. 1) groß geworden sind und an Überfluss („Schleckermäuler", Z. 3; „Naschen", Z. 12) „gewöhnt" (Z. 12) sind. Die augenblickliche Lebenssituation im Deutschland der 1990er Jahre stellt sich ihnen als weniger luxuriös dar. Diese als „Entzug" (Z. 5) bezeichneten Einschränkungen werden nur unter Protest und Widerstand (Z. 4, 21) hingenommen. Gleichzeitig wird die Nachsicht der Generation der Älteren („ihr", Z. 10) mit dieser Haltung eingefordert mit dem Hinweis darauf, dass der Protest gegen Verzicht und Einschränkung doch einsehbar und nachvollziehbar sein müsse (Z. 10–12). Letztlich bleibt der Widerstand aber erfolglos (Z. 21).

Neben materiellen und äußerlichen Einschränkungen wird aber auch auf ein „neues Hungergefühl" (Z. 13 f.) hingewiesen. Die Sehnsucht nach „Poesie" (Z. 6) und „Märchen" (Z. 16, 23) kann als Ausdruck einer Sehnsucht nach Schönheit, Erhabenheit und Verklärtheit, möglicherweise der Rückkehr alter und einfacher ethischer Werte und Regeln (wie im Märchen) verstanden werden. Wenn (menschliche?) Nähe als mühevoll gesehen wird (Z. 18–20), müssen Hilfen gegeben werden. Wenn schon ein Leben im Wohlstand nicht mehr möglich ist, muss dies als „Trost" (Z. 24) bereitgestellt werden. Ein Mindestmaß an „Poesie" (Z. 6) wird als unverzichtbar und zum Leben notwendig (Z. 7 f.) angesehen.

Das Gedicht nimmt eine Zeitströmung in Deutschland auf, in der ein ständig wachsender Konsum und Luxus für alle bezweifelt wurde. Die Schere zwischen Reich und Arm begann sich zu öffnen, die Unterschiede in den Lebenssituationen wurden offensichtlicher. Gleichzeitig beginnt mit Blick auf die Jahrtausendwende eine neue Suche nach ethischen und moralischen Grundsätzen, die ein erfülltes Zusammenleben zwischen Menschen ermöglichen.

Zu 2.

VERGLEICH

Neben grundlegenden Unterschieden, die im Wesentlichen durch die Textgattungen bedingt sind, zeigen die Texte starke Vergleichbarkeiten.

Der Roman *Faserland* und das Gedicht *Deutschland, 1992* beschäftigen sich beide mit Deutschland als Vaterland. Beide entwickeln dabei eine kritische Haltung diesem Land gegenüber. Diese bezieht sich in beiden Fällen auf die Konsumgesellschaft und den Luxus. Während im Roman dieser noch gegeben ist – vor allem für den Protagonisten und seine Peer-Gruppe[51] – wird im Gedicht schon von Verzicht darauf gesprochen. Beide Texte nehmen allerdings die Leere und die Sehnsucht nach Erhabenheit (*Faserland*, S. 67) und Erfüllung in den Blick. Wenn der Protagonist in *Faserland* dem Wort „Neckarauen" (S. 88) sinnierend nachspürt und mit diesem Wort ein positives Gegenbild zum realen Deutschland verknüpft, nimmt er ebenso wie das Gedicht Zuflucht zur „Poesie". Auch die schwärmerischen Vorstellungen eines Lebens mit der Schauspielerin Isabella Rossellini erinnern an märchenhafte Träume von Glück, Akzeptanz und menschliche Nähe. In beiden Texten wird aber auf das völlige Fehlen dieser, zur Lebensgrundlage gehörenden Faktoren verwiesen. Der Roman macht beispielsweise durch die Erinnerung an die Kinderfrau, die die Brotkanten abschnitt (S. 126), anschaulich, wie groß diese Sehnsucht nach Fürsorge und Mitmenschlichkeit ist und mit wie wenig der Protagonist zufrieden sein muss.

Gemeinsam ist beiden Texten ebenfalls die anklagende Haltung einer älteren Generation gegenüber, die für die Situation verantwortlich ist. Das Leben im Luxus wird als selbstverständlich und ‚normal' angesehen. Hier scheint kein Dank nötig, zumal keinerlei

---

51 Gruppe von Gleichaltrigen.

wirkliche Lebensqualität damit verbunden ist. Beide Texte verweisen so auf die größere Notwendigkeit von Nähe und Trost.

Aufgabe 2 *

Textausschnitt S. 136 (Also, ich stehe da ...") bis S. 138 („... genommen habe")
1. Fassen Sie die Episode auf Rollos Party zusammen.
2. Nehmen Sie kritisch Stellung zur Überzeugungskraft und zur Bedeutung der Aussage Rollos „Ich bin glücklich, und du bist es auch" (S. 137).

Mögliche Lösung in knapper Fassung:

Zu 1.

ZUSAMMENFASSUNG

Die Episode ist dem zweitletzten Kapitel des Romans entnommen. Der Erzähler befindet sich auf der Party eines engeren Bekannten, Rollo, der wie er selbst aus vermögendem Haus stammt. Rollo hat ihm zuvor geholfen, aus einer schwierigen Situation wegzukommen.

Um düstere Vorahnungen und Sorgen um Rollo zu verdrängen, beschließt der Erzähler in diesem Abschnitt, sich zu betrinken. Zu diesem Zweck bestellt er an der Bar gleich vier alkoholische Getränke, die er kurz nacheinander trinkt. Dabei glaubt er, den Barmännern, die er für homosexuell hält, Schmeichelei und Flirt vorzuspielen. Blickverhalten und Gestik werden gezielt eingesetzt. Als Rollo unvermittelt neben ihm steht und einen Satz in Spanisch sagt, ist er erschrocken und verwirrt, versteht den Satz auch erst beim zweiten Hören. Rollo behauptet, dass beide glücklich seien. Obwohl der Erzähler jetzt deutlich die Wirkung des gerade konsumierten Alkohols spürt und merkt, dass auch Rollo erhebliche

Mengen Drogen konsumiert und seinen Körper nicht mehr unter Kontrolle hat, grinst er ihn nur an und bestellt mit ihm zusammen einen weiteren Drink. Er hat zwar deutlich das Gefühl, etwas zu Rollo sagen zu müssen, versäumt aber die Möglichkeit eines Gespräches mit diesem. Er verdrängt jeden Anflug eines schlechten Gewissens mit Alkohol, Rauchen und die Flucht in persönliche Erinnerungen. Um Rollo kümmert er sich nicht weiter.

Später erfährt der Erzähler vom vermutlichen Selbstmord Rollos in dieser Nacht.

Zu 2.

KRITISCHE STELLUNGNAHME

Der zweimal wiederholte Satz „ich bin glücklich, und du bist es auch" fällt in einer Situation, die von Drogenmissbrauch und Täuschung geprägt ist. Der Erzähler macht sich ernsthaft Sorgen um seinen „Freund" Rollo. Er weiß, dass dieser süchtig nach Valium und Alkohol ist und dass sich seine Familie nicht um ihn kümmert. Zudem handelt es sich bei der Party um eine Geburtstagsparty Rollos, bei der aber nur oberflächliche Menschen zugegen sind. Rollo hat offenbar schon mehr konsumiert, als er es ohnehin tut, und zeigt massive körperliche Symptome. Schon äußerlich kann hier von einem glücklichen Menschen nicht die Rede sein. Rollo strahlt ganz im Gegenteil Verlorenheit und Sehnsucht nach Nähe aus. Weil er keinen Menschen hat, klammert er sich an sein Sherryglas. Der Erzähler bewertet seinen Gesichtsausdruck als „dämlich". Alles ist auf das Zeigen von Reichtum und schöner Oberfläche ausgerichtet. Die Kleidung Rollos, die Ausstattung und Bewirtung zeigen den Reichtum seines Besitzers, gleichzeitig aber auch die Auflösungserscheinungen (die schwarze Fliege ist „schlampig gebunden") und die Leere. Anstelle eines Gespräches wird dieser Satz beschwörend wiederholt, Gestik („legt den Arm um meine Schultern") und Mimik („Grinsen") ersetzen Worte. Sie sind allerdings kein Zeichen von Freundschaft oder Vertrautheit, sondern oberflächlich – ebenso wie der Erzähler den Kellnern lediglich Interesse an ihnen vorgespielt hat.

Wenn der Erzähler behauptet, er habe „weiß Gott Besseres zu tun", als sich um Rollo zu sorgen, erscheint dies auch als Lüge. Er belügt sich über die Unfähigkeit, sich selbst und anderen zu helfen. Dabei hat er für sich und für Rollo die Situation richtig eingeschätzt, denn auch von sich selbst sagt der Erzähler, dass er Alkoholiker sei.

Glück und Glücklichsein finden in dem gesamten Roman nur in Träumen statt. So erträumt sich der Erzähler ein glückliches Leben mit der Schauspielerin Isabella Rossellini. Bezeichnenderweise ist dieses Leben gerade durch die fehlende Perfektion geprägt. Hier wird eine Idylle erträumt, die sich gerade nicht durch Komfort, Luxusartikel, Mode und durch äußerliche Schönheit und Oberfläche kennzeichnet. Familiäre Bindung, Sicherheit in der Beziehung und Zusammenhalt sowie Verständnis füreinander ohne viele Worte sind vielmehr die Merkmale dieses erträumten Glücks. Alles dies fehlt in der Welt von Rollo und dem Erzähler. Die Ich-will-Spaß-Haltung, die den Jugendlichen der 80er und 90er Jahre als Hauptinteresse von Erwachsenen und von den Medien unterstellt wird, wird hier in einem Kontext der finanziell offenbar unbegrenzten Mittel ins Extrem getrieben und als abstoßender und selbstzerstörerischer Exzess gezeigt. Wenn es Florian Illies in seinem Buch *Generation Golf* als mutig und befreiend bezeichnet, dass sowohl der Protagonist und die Figuren aus *Faserland* als auch die Autoren der Popliteratur sich zu Spaß, Luxus, Marken, Mode und Oberfläche bekennen, hat er die geradezu bedrückende Atmosphäre des Romans nicht erspürt. Es gibt keinen einzigen glücklichen Menschen im Szenarium dieses Romans.

Aufgabe 3 ***

1. Interpretieren Sie das Gedicht *Reisen* von Gottfried Benn unter formalen und inhaltlichen Kriterien.
2. Vergleichen Sie die Aussage dieses Gedichtes mit dem Roman *Faserland* von Christian Kracht.

Mögliche Lösung in knapper Fassung:
Zu 1.
Form/Struktur:

GEDICHT-INTERPRETATION

- → 4 Strophen zu je 4 Zeilen, Zeilenlänge zwischen 6 und 8 Silben
- → Endreime (Kreuzreim in der ersten Strophe unrein – abcb – dann regelmäßig), abwechselnd weibliche und männliche Kadenzen
- → Rhythmus: Daktylus
- → Erste und zweite Strophe: Konjunktiv, Fragen, gleicher Anfang („Meinen Sie"); 3. und 4. Strophe: Indikativ, Aussagesätze, Ausruf, 3. Strophe Gedankenstriche statt Punkte.
- → Adressat: mit der Höflichkeitsform „Sie" in jeder Strophe ausdrücklich angesprochen

Inhalt: Die erste Strophe nennt die Stadt Zürich ausdrücklich als Beispiel für ein Reiseziel, an das hohe Erwartungen gestellt wird. Diese beziehen sich sowohl auf den Erfahrungsgehalt („Inhalt", Z. 4) als auch auf die konstante Verfügbarkeit dieser Erfahrung („immer", Z. 4). Durch die Metaphorik („tiefere Stadt", Z. 2) unterstützt durch die Alliteration („Wunder und Weihen", Z. 3) wird der Wunsch nach Heraustreten aus dem Alltäglichen und Erwartbaren verdeutlicht. Die Hoffnung des angesprochenen Adressaten („Sie") auf eine solche einschneidende und die Persönlichkeit verändernde Erfahrung wird durch die rhetorische Frage gleich zunichte gemacht.

Parallel zur ersten Strophe wird wiederum in Frageform ein weiteres Beispiel durchgespielt. Das exotische Reiseziel Habana, das durch die Farben Weiß und Rot sowie durch die Hibiskusblüte gekennzeichnet wird, erweist sich nach Ansicht des lyrischen Ichs ebenfalls als wenig ergiebig. In Anspielung auf den alttestamentarischen Auszug der Israeliten in das Gelobte Land und deren Speisung mit himmlischem Manna wird die Suche nach innerer Erfüllung mit der Metapher „Wüstennot" (Z. 8) umschrieben.

In der dritten Strophe werden belebte Straßen der Großstädte dieser Welt in den Blick genommen. Die Aufzählung derselben in den verschiedenen Sprachen (Z. 9–11) wird mit der Aussage abgeschlossen, dass trotz der Menschenmenge das Gefühl der „Leere" (Z. 12) droht („fällt Sie ... an", Z. 12). Zusätzlich wird die Einsamkeit durch Bindestriche an den Zeilenenden (Z. 10, 12) und den fehlenden Punkt illustriert. Es wird abschließend („selbst", Z. 12) deutlich gemacht, dass die Reise zu den verschiedenen Orten dieser Welt keine Erfüllung und kein Stillen der Sehnsüchte mit sich bringen.

Beginnend mit dem Seufzer „Ach" (Z. 13) wird diese Erkenntnis als Ausrufesatz in der ersten Zeile der vierten Strophe ausgesprochen. Der Weg zur Selbsterkenntnis, durch Doppelpunkt (Z. 14) am Zeilenende markiert, liegt nach Ansicht des lyrischen Ichs eher im geduldigen Blick nach innen (Z. 15). Erfüllung, Selbsterkenntnis und in sich selbst Ruhen (Z. 15 f.) werden dem Text zufolge nicht durch Ortswechsel, Äußerlichkeiten und Menschenmengen erreicht, sondern durch Stille und Konstanz (Z. 15).

Zu 2.

VERGLEICH

Roman; **Vergleichsaspekte** zum Gedicht:

→ hektische Reisetätigkeit, in einer Woche quer durch Deutschland, häufig panik- und fluchtartiges Verlassen von Räumlichkeiten und Orten
→ öffentliche Plätze, öffentliche Verkehrsmittel, Hotels, keine oder kaum Privatheit oder Heimeligkeit
→ Besuch von Partys, Feiern und Massenveranstaltungen
→ Einsamkeit, Leere, lediglich oberflächliche Gespräche und Kontakte
→ Suche nach Erhabenheit (vgl. Flug nach Frankfurt), nach Sinn, Glück und Erfüllung, nach dem eigenen „Platz in der Welt" (S. 143), nach „Stillsein … Stille" (S. 143)
→ Vermeiden der Auseinandersetzung mit sich selbst, fehlende Selbstkritik, Flucht vor Verantwortung

Unterschiede:

→ Roman wird aus der Sicht des Sinnsuchenden erzählt, Erkenntnis (vgl. Strophe 4) gelingt nicht.
→ Im Roman Beschränkung der Reisen auf Deutschland, erst am Schluss Überschreiten der Grenze (Schweiz)

Aufgabe 4 *

1. Lesen Sie den folgenden Ausschnitt aus einer Besprechung von Bret Easton Ellis' Roman *Imperial Bedrooms* (2010) und stellen Sie die Parallelen zwischen Ellis' Roman und Krachts Roman *Faserland* – dieser Rezension entsprechend – dar.
2. Entwerfen Sie eine eigene Rezension zu dem Roman *Faserland*.

Text:
Auszug aus einer Rezension zu Bret Easton Ellis' Roman *Imperial Bedrooms* (2010) von Julia Encke[52]:

„Bret Eaton Ellis gehört zu den großen Kälte-Experten der amerikanischen Literatur. Seine Romane sind Versuchsanordnungen, seine Figuren funktionieren wie weiße Mäuse in den Laborlabyrinthen von Claude Shannon, denen die Erzählung dabei zusieht, wie sie gegen die Wand rennen, immer auf der Suche nach einem Fluchtweg: ‚Verschwinde von hier' stand in *Unter Null* auf einer riesigen Plakatwand – der Satz wurde zu Clays Devise. Doch hätte er nie zurückkommen sollen, denn ein wirkliches Entrinnen gibt es nicht. Die Kälte und der Zynismus der Erzählanordnung sind allerdings so provozierend, dass sie beim Lesen die Sehnsucht nach Empfindung und Anteilnahme schüren: Bret Easton Ellis ist der Letzte, der dem Leser den Gefallen täte, den entfesselten Narzissmus seiner Figuren in die Schranken zu weisen. Das Sehnsuchtspotential lässt er dabei mit beständig fallender Erzähltemperatur größer werden. Und wie er das macht, das ist Weltklasse."

---

52 Julia Encke. *Kühle Tage in L.A.* in: Literaturen Nr. 5, Okt./Nov. 2010. Frankfurt a. M. 2010, S. 78.

Mögliche Lösung in knapper Fassung:

VERGLEICH

Zu 1.

Ansatzpunkte des Vergleichs sind:

- → Flucht, Entrinnen, gegen die Wand Laufen der Protagonisten: Der Erzähler in *Faserland* ist ständig unterwegs, verhält sich in selbstzerstörerischer Weise, das Ende des Romans legt eher eine Todessehnsucht als ein Entrinnen aus der Ausweglosigkeit und Einsamkeit nahe, kein happy ending, keine konkrete Lösung oder Erkenntnis.
- → Provokation: Auch in *Faserland* wird provoziert durch übertriebenen Markenfetischismus, einseitige und plakative Ansichten und Verhaltensweisen des Protagonisten, die sprachliche Gestaltung.
- → Narzissmus der Figuren: Der Erzähler ist sehr auf sein Äußeres bedacht, Selbstverliebtheit fehlt hier allerdings, statt dessen eher Unsicherheit, die durch rigorose Ansichten kaschiert wird.
- → Kälte: Menschliche Wärme taucht lediglich als Sehnsucht danach auf, stattdessen Oberflächlichkeit, pauschale Verurteilung, Hilflosigkeit, Vereinzelung.

VERFASSEN EINER EIGENEN REZENSION

Zu 2.

In Form einer Rezension soll der Roman von Christian Kracht hier bewertet werden. Dabei sollten die eigene Lesart und die Wirkung auf den Leser im Vordergrund stehen. Es empfiehlt sich, mit einer sehr kurzen Zusammenfassung des Romans zu beginnen, den Protagonisten vorzustellen und dabei herauszustreichen, wie dieser Erzähler auf den Leser wirkt. Dies sollte an konkreten Beispielen und unter Berücksichtigung der sprachlichen Gestaltung des Romans geschehen. Den Abschluss bildet ein Urteil hinsichtlich der Qualität, der Empfehlung für eine bestimmte Adressatengruppe, des literarischen Stellenwertes. Zu beachten ist, dass der Text möglichst konkret und anschaulich vorgestellt und dass die der Zielgruppe der Rezension angepasste Sprache verwendet wird.

LITERATUR

Zitierte Ausgabe:

Kracht, Christian: *Faserland. Roman.* München: dtv, 2007 (Reihe „AutorenBibliothek")

Primärliteratur:

Benn, Gottfried: *Reisen* (1950). In: Ders.: Sämtliche Gedichte. Stuttgart: Klett-Cotta, 1998, S. 307

Bessing, Joachim (Hrsg.): *Tristesse Royale. Das popkulturelle Quintett mit Joachim Bessing, Christian Kracht, Eckhart Nickel, Alexander v. Schönburg und Benjamin v. Stuckrad-Barre.* München: Ullstein, 3. Aufl. 2005 → Fünf Popliteraten treffen sich im Berliner Hotel „Adlon" zu einem Gespräch.

Illies, Florian: *Generation Golf. Eine Inspektion.* Frankfurt am Main: Fischer Taschenbuch Verlag, 10. Aufl. 2003 → Bestandsaufnahme jener Generation, die ihre Jugend in den achtziger Jahren erlebte.

Leupold, Dagmar: *Die Lust der Frauen auf Seite 13.* Gedichte. Collection S. Fischer. Frankfurt a. Main: S. Fischer, 1994, S. 30 f.

Kracht, Christian: *Mesopotamia. Ein Avant-Pop-Reader.* München: dtv, 2001 → Von Kracht herausgegebene Anthologie mit Kurzgeschichten bekannter Autoren und Popliteraten.

Kracht, Christian: *Der gelbe Bleistift. Ungekürzte Ausgabe.* München: dtv, 4. Aufl. 2005

Kracht, Christian: *1979. Roman.* München: dtv, 2. Aufl. 2004.

Kracht, Christian; Nickel, Eckhart: *Ferien für immer. Die angenehmsten Orte der Welt.* München: dtv, 3. Aufl. 2001

Kracht, Christian; Munz, Eva; Nikol, Lukas: *Die totale Erinnerung. Kim Jong Ils Nordkorea.* Berlin: Rogner und Bernhardt bei Zweitausendeins, 2006

Kracht, Christian; Niermann, Ingo: *Metan.* Berlin: Rogner und Bernhardt bei Zweitausendeins, 2007

Sekundärliteratur:

Arnet, Daniel: *Kim Jong Kracht.* In: Facts, 21. 9. 2006, S. 74.

Baßler, Moritz: *Christian Kracht.* In: Thomas Kraft (Hrsg.): Lexikon der deutschsprachigen Gegenwartsliteratur seit 1945, Bd. II. München: Nymphenburger, 2003, S. 725–726

Baßler, Moritz: *Der deutsche Pop-Roman. Die neuen Archivisten.* München: C. H. Beck, 2. Aufl. 2005

Baßler, Moritz: *„Das Zeitalter der neuen Literatur". Popkultur als literarisches Paradigma.* In: Corina Caduff; Ulrike Vedder (Hrsg.): Chiffre 2000 – Neue Paradigmen der Gegenwartsliteratur. München: Wilhelm Fink, 2005, S. 185–199

Bekes, Peter (Hrsg.): *Literatur im Unterricht. Texte der Moderne und Postmoderne in der Schule.* Heft 3/2004. Trier: Wissenschaftlicher Verlag Trier, 2004

Birgfeld, Johannes; Conter, Claude (Hrsg.): *Christian Kracht. Zu Leben und Werk.* Köln: Kiepenheuer & Witsch, 2009

Bogdal, Klaus-Michael: *Klimawechsel. Eine kleine Meteorologie der Gegenwartsliteratur.* In: Andreas Erb (Hrsg.): Baustelle Gegenwartsliteratur. Die neunziger Jahre. Obladen, Wiesbaden: Westdeutscher Verlag, 1998, S. 9–31

Braese, Stephan: *Im Schatten der „gebrannten Kinder". Zur poetischen Reflexion der Vernichtungsverbrechen in der deutschsprachigen Literatur der neunziger Jahre.* In: Corina Caduff; Ulrike Vedder (Hrsg.): Chiffre 2000 – Neue Paradigmen der Gegenwartsliteratur. München: Wilhelm Fink, 2005, S. 81–106

Döring, Christian (Hrsg.): *Deutschsprachige Gegenwartsliteratur. Wider ihre Verächter.* Frankfurt am Main: Suhrkamp, 1995

Ernst, Thomas: *Popliteratur.* Hamburg: Europäische Verlagsanstalt, 2005

Gleba, Kerstin; Schumacher, Eckhard (Hrsg.): *Pop seit 1964.* Köln: Kiepenheuer & Witsch, 2007

Hüetlin, Thomas: *Das Grauen im ICE-Bord-Treff. Über Christian Krachts „Faserland".* In: Der Spiegel, 20. 2. 1995. Auch in: Franz Josef Görtz; Volker Hage; Hubert Winkels (Hrsg.): Deutsche Literatur 1995. Jahresüberblick. Stuttgart: Reclam, 1996, S. 219–214

Ingendahl, Werner: *Unterhaltung: „Massenmedium" oder „Popkultur"? Gehört so etwas in den Deutschunterricht?* In: Peter Bekes (Hrsg.): Literatur im Unterricht. Heft 1/2004. Trier: Wissenschaftlicher Verlag Trier, 2004, S. 61–82

Jung, Thomas: *Vom Pop international zu Tristesse Royale. Die Popliteratur zwischen Kommerz und postmoderner Beliebigkeit.* In: Thomas Jung (Hrsg.): Alles nur Pop? Anmerkungen zur populären und Pop-Literatur seit 1990. Frankfurt am Main u. a.: Peter Lang, 2002 (Osloer Beiträge zur Germanistik, Bd. 32), S. 29–54

Jung, Thomas (Hrsg.): *Alles nur Pop? Anmerkungen zur populären und Pop-Literatur seit 1990.* Frankfurt am Main u. a.: Peter Lang, 2002 (Osloer Beiträge zur Germanistik, Bd. 32)

Kammler, Clemens: *Gegenwartslücken. Anmerkungen zu einem Defizit des Literaturunterrichtes.* In: Andreas Erb (Hrsg.): Baustelle Gegenwartsliteratur. Die neunziger Jahre. Obladen, Wiesbaden: Westdeutscher Verlag, 1998, S. 186–202

Keupp, Heiner: *Auf dem Weg zur Patchwork-Identität?* In: Verhaltenstherapie und psychosoziale Praxis, Mitteilungen der DGVT, Heft 4/1988, S. 425–438

Köhler, Andrea; Moritz, Rainer (Hrsg.): *Maulhelden und Königskinder. Zur Debatte über die deutschsprachige Gegenwartsliteratur.* Leipzig: Reclam, 1998

Kyora, Sabine: *„Helden wie wir". Tendenzen der deutschsprachigen Gegenwartsliteratur.* Oldenburg: Bibliotheks- und Informationssystem der Univ., 2004 (Vorträge – Reden – Berichte / Bibliotheksgesellschaft Oldenburg; 44)

Mansbrügge, Antje: *Junge deutschsprachige Literatur.* Berlin: Cornelsen Scriptor, 2005

Mietzel, Gerd: *Pädagogische Psychologie des Lernens und Lehrens.* Göttingen u. a.: Hogrefe, 7. korr. Aufl. 2003

Wilczek, Reinhard: *Faszinierende Schullektüre im Spannungsfeld von Tradition, Adaption und Transformation. Ein praxisorientierter Lösungsvorschlag zur Beilegung des ungelösten Kanonkonflikts in Deutschland.* In: Peter Bekes und Reinhard Wilczek (Hrsg.): Literatur im Unterricht. Texte der Moderne und Postmoderne in der Schule. Heft 3/2003. Trier: Wissenschaftlicher Verlag Trier, 2004, S. 213–221

Soboczynski, Adam. *Der Schreibtisch von Christian Kracht in Buenos Aires.* Zeit Literatur Nr. 49 – Nov. 2009, S. 54

Wittstock, Uwe (Hrsg.): *Roman oder Leben. Postmoderne in der deutschen Literatur.* Leipzig: Reclam, 1994

Wittstock, Uwe: *Leselust. Wie unterhaltsam ist die neue deutsche Literatur? Ein Essay.* München: Luchterhand, 1995

Internet-Adressen

http://www.christiankracht.com/
[Stand: Februar 2011]
→ Aktuelle Webseite des Autors

www.literature-map.com/christian+kracht.html
[Stand: Februar 2011]
→ Ein Karte, die anzeigt, was Menschen, die Christian Krachts Bücher mögen, sonst noch lesen.

http://de.wikipedia.org/wiki/Christian_Kracht
[Stand: Februar 2011]
→ Ausführlicher Artikel über Kracht in der Internet-Enzyklopädie Wikipedia.

http://www.welt.de/kultur/literarischewelt/article4139780/Kracht-Wer-sonst-soll-die-Welt-verbessern.html
[Stand: Februar 2011]
→ Interview mit dem Autor.

http://www.single-generation.de/schweiz/christian_kracht_faserland.htm
[Stand: Februar 2011]
→ Nützliche Linksammlungen zu Kracht und seinem Roman auf einer Seite, die sich dem Verständnis der „Single-Gesellschaft" widmet.

STICHWORTVERZEICHNIS